MERIAN *live!*

W0074605

Kanarenkreuzfahrt

Susanne Lipps ist als Studienreise-
leiterin tätig und verfasste Reiseführer
über Valencia und die Costa Blanca,
Andalusien, Lissabon, Madeira sowie
über verschiedene Kanareninseln.

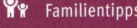 Familientipps

 »grüne« Empfehlungen

 Ausflüge

Preise für ein dreigängiges Menü ohne
Getränke:

€€€€ ab 35 €   €€ ab 15 €
€€€ ab 25 €   € bis 15 €

Inhalt

◀ Blick auf Lanzarote (▶ S. 64), die nordöst-
lichste Insel des kanarischen Archipels.

Unterwegs um die Kanarischen Inseln 30

Wissenswertes über die Kanarischen Inseln 122

✦ Karten und Pläne

Die Koordinaten im Text verweisen auf die
Karten, z. B. ▶ S. 140, B 3.

Willkommen auf den Kanarischen Inseln. Die Eilande im Ostatlantik trumpfen mit UNESCO-gekürter Inselnatur, malerischen Dörfern und goldgelben Sandstränden.

Nach einer sternenklaren Nacht auf See steigt die Sonne rasch aus dem Meer und taucht die herannahende Steilküste in ein goldgelbes Licht. Für diesen Anblick lohnt es sich, schon vor dem Frühstück an die Reling zu treten. Trotz der frühen Stunde ist die Luft mild. Die ausgleichende Wirkung des Ozeans sorgt auf den Kanaren rund ums Jahr für angenehme Temperaturen. Weiße Dörfer, dunkle Felsbuchten oder hellsandige Strände ziehen am Betrachter vorbei. Dann ist die Silhouette einer Stadt zu erkennen. Leuchtfeuer und Kräne kündigen den Hafen an, den mächtige Außenmolen vor der Brandung schützen.

Tuckernd läuft ein Fischkutter aus, wirkt wie ein Miniaturboot im Vergleich zu dem riesigen Kreuzfahrtschiff. Segeljachten dümpeln an den Holzstegen der kleinen Marina. Gerade hat eine Autofähre festgemacht, die den Verkehr von und zu der Insel aufrechterhält.

Der erste Landgang

Es riecht nach Atlantik, nach Seewasser und Tang. Möwen kreischen. Am Kai hocken Fischer und vertreiben sich die Zeit an Land mit dem Flicken ihrer Netze oder dem Dominospiel. Dann steht man schon mitten im Geschehen, am zentralen Platz irgendwo zwischen Hafen und

◄ Inselhopping im Luxusliner: Das schwimmende Hotel bringt seine Passagiere von Insel zu Insel.

Stadt. Hier treffen sich die Menschen in den Cafés, sitzen plaudernd auf Bänken oder laufen geschäftig auf und ab. Blumenhändlerinnen arrangieren mit geschickter Hand Strelitzien, die kanarischen Symbolpflanzen, und andere exotische Schätze. Wohl gibt es in den kanarischen Städten jede Menge kultureller Sehenswürdigkeiten zu besichtigen, etwa Relikte der vorspanischen Inselbewohner, monumentale Bauten aus der Zeit nach der Conquista oder avantgardistische Architektur des dritten Jahrtausends. Doch auch die kleinen Dinge des Lebens verdienen Beachtung. Vielleicht taucht der neugierige Besucher einfach in die Atmosphäre ein und mischt sich unter die Canarios – sei es beim Einkaufen auf bunten Märkten oder in schicken Einkaufspassagen, am Strand oder beim Schlendern im Park. Danach lohnt die Einkehr in einem urigen Lokal. Gegrillter Fisch spielt eine Hauptrolle. An Jagdwild geben die Inseln Kaninchen her, traditionelles Schlachtvieh ist die Ziege. Diese liefert auch Käse, frisch oder mild geräuchert ein besonderer Leckerbissen. Tropisches Obst steht ganz oben auf dem Speiseplan. Vor allem Bananen ernten die kanarischen Landwirte in Hülle und Fülle.

Grandiose Inselnatur

Die landschaftlichen Reize der Kanaren stehen ganz im Vordergrund. Besonderheiten wie Las Cañadas auf Teneriffa, einen der UNESCO zum Welterbe erklärten Riesenkrater, oder die von Lanzarotes begnadetem Künstler César Manrique gestaltete Vulkanhöhle Jameos del Agua sollten sich Reisende nicht entgehen lassen. Atemberaubend sind auch andernorts die vulkanischen Erscheinungen. Jede Insel besitzt ihren eigenen Charakter. Teneriffa, die größte und mit dem majestätischen Pico del Teide auch höchste, konkurriert mit Gran Canaria, das mit einem bizarren Felsgebirge und gewaltigen Dünenfeldern aufwartet. Fuerteventura und Lanzarote liegen nicht nur geografisch Afrika besonders nah. Goldgelbe Sandstrände säumen ihre Küsten, staubige Pisten erschließen das wüstenhafte Inselinnere. La Gomera wächst mit Felswänden fast senkrecht aus dem Meer und fasziniert mit undurchdringlichen Nebelwäldern. »La Isla bonita«, die hübsche Insel, wird das paradiesisch grüne La Palma genannt.

Darüber hinaus

Nach der legendären achten Insel, San Borondón, wird man im kanarischen Archipel vergeblich Ausschau halten. Oder meinten die frühen Seefahrer etwa Madeira? Jedenfalls steht die zu Portugal zählende Blumeninsel bei fast allen Kanarenkreuzfahrten wie selbstverständlich auf dem Programm. Weitere Abstecher führen gern in die portugiesische Metropole Lissabon oder nach Andalusien, wo die Städte Cádiz und Málaga darauf warten, entdeckt zu werden, die eine vom Atlantik, die andere vom Mittelmeer geprägt. Das exotische Flair des Orients lässt sich bei einem Landgang in Marokko schnuppern, in Tanger, der fünftgrößten Stadt des Landes, oder in Casablanca, weltbekannt durch den gleichnamigen Kultfilm.

MERIAN-TopTen

MERIAN zeigt Ihnen die Höhepunkte der Region: Das sollten Sie sich bei Ihrer Kanarenkreuzfahrt nicht entgehen lassen.

 Las Cañadas, Teneriffa
Der Riesenkrater beeindruckt durch dunkle Lavaströme und bizarre Felsformationen (▸ S. 42).

 Dunas de Maspalomas, Gran Canaria
Goldgelbe Sanddünen bedecken weithin die Südspitze der Insel, ein idealer Badestrand grenzt an (▸ S. 54).

 Betancuria, Fuerteventura
In der alten Inselhauptstadt, heute nur noch so groß wie ein Dorf, blieb das Mittelalter lebendig (▸ S. 60).

 Jameos del Agua, Lanzarote
Inselkünstler César Manrique schuf mit der Vulkanhöhle sein Meisterwerk (▸ S. 71).

 Parque Nacional de Garajonay, La Gomera
Üppig wie ein Dschungel, bedeckt der immergrüne Lorbeerwald das bergige Inselinnere (▸ S. 82).

 Santa Cruz de La Palma, La Palma
Die charmanteste Stadt der Kanaren besitzt viel Flair und bewahrt Prachtbauten vergangener Zeiten (▸ S. 87).

 7 Monte, Madeira
Villen und Parks prägen den Ort, in dessen Bergheiligtum eine wundertätige Madonna verehrt wird (▸ S. 99).

 8 Belém, Lissabon
Hier liefen die portugiesischen Entdeckungsfahrer zu ihren Seereisen aus, repräsentative Bauten erzählen davon (▸ S. 101).

 9 Museo Picasso, Málaga
In einem alten Stadtpalast werden die Schaffensphasen des in Málaga geborenen Künstlers Pablo Picasso dokumentiert (▸ S. 111).

 10 Mosquée Hassan II, Casablanca
Der höchste Sakralbau der Welt erhebt sich an der Uferfront der Stadt, halb ins Meer hinausgeschoben (▸ S. 119).

MERIAN-Tipps
Mit MERIAN mehr erleben. Nehmen Sie teil am Leben der Region und entdecken Sie die unbekannten Seiten der Kanarischen Inseln.

 Parque Marítimo César Manrique, Teneriffa
Von Künstlerhand gestaltet: ein außergewöhnlicher Badepark am Meer (▸ S. 36).

 Chacalote, Gran Canaria
Um zünftig Meeresfrüchte zu speisen, fahren die Bewohner von Las Palmas zu dem klassischen Lokal am kleinen Fischerhafen (▸ S. 52).

 Las Rotondas, Fuerteventura
In dem Mega-Einkaufszentrum laden Stores spanischer Modedesigner zum Stöbern ein (▸ S. 60).

 Parque Temático, Lanzarote
Freizeitvergnügen auf kanarische Art: Hier frönen ganze Familien dem Skaten, Joggen oder Relaxen (▸ S. 68).

 Galería de Arte Luna, La Gomera
Aktuelle Malerei von den Inseln präsentiert sich in der originellen Galerie (▸ S. 80).

 Mercado La Recova, La Palma
Was die Insel zu bieten hat, stapelt sich auf den Marktständen: tropisches Obst, Gewürze, Blumen (▸ S. 90).

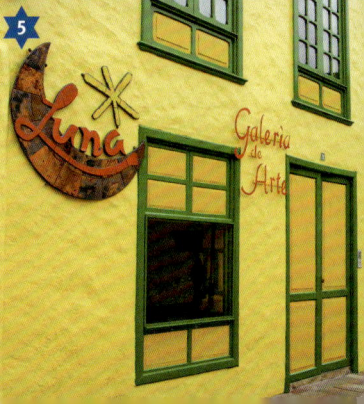

7 Café do Teatro, Madeira
Szenetreffpunkt für alle,
die in Funchal dazugehören
wollen, ist das schicke Theatercafé (▸ S. 98).

8 Eléctrico 28, Lissabon
Quer durch die Altstadt rat-
tert die legendäre Straßenbahn, und das schon seit
über 100 Jahren (▸ S. 103).

**9 El Puerto de Santa María,
Cádiz**
Per Fährboot geht es in den
Hafenort, um Krabben und
Muscheln frisch vom Kutter
zu genießen (▸ S. 108).

10 M'nar Park, Tanger
Ein bunt gemischtes Pub-
likum aus marokkanischen
und spanischen Ausflüglern
bevölkert den attraktiven
Wasser- und Freizeitpark
(▸ S. 116).

Ein Abstecher nach Marokko lässt den
Kreuzfahrer in exotische Welten eintau-
chen. Ein Fest für die Sinne bietet der
Besuch des Marktes in Tanger (▶ S. 115).

Zu Gast auf den
Kanarischen Inseln

Beim Landgang können die Kreuzfahrer den Inselalltag hautnah erleben, die bunten Märkte besuchen oder eine Fiesta mit Prozession und Feuerwerk bestaunen.

Praktische Infos zur Kreuzfahrt. Einige

Informationen, die das Leben an Bord erleichtern und die
Reise angenehm gestalten, von Kabinenwahl und Einschiffen über Seenotrettungsübung bis Ausflugsprogramm.

◄ Fuerteventuras Hauptstadt Puerto del Rosario (► S. 57) empfängt die Kreuzfahrer mit Kunst am Meer.

Die Kanarischen Inseln sind eine klassische Kreuzfahrtregion. Teneriffa stand schon um das Jahr 1900 zusammen mit dem benachbarten Madeira auf der Liste der angelaufenen Ziele. Heute drehen einige Schiffe ausschließlich in der Region ihre Runden, mit Abstechern nach Portugal, Spanien oder Marokko. Wer die Inseln intensiv kennenlernen möchte, ist mit einer solchen Reise am besten bedient. Andere Kreuzfahrtschiffe legen auf der Südamerikaroute, von der Nordsee oder dem Mittelmeer kommend, auf den Kanaren Zwischenstopps ein – die Alternative für Reisende, die in kürzerer Zeit mehr von der Welt sehen möchten.

WUSSTEN SIE, DASS …

… die erste Kreuzfahrt schon 1891 stattfand? Damals fuhr der Schnelldampfer Augusta Victoria der Reederei Hapag mit 241 Passagieren an Bord von Cuxhaven über Lissabon und Genua nach Konstantinopel.

Welches Schiff?

Auf den Kreuzfahrtschiffen deutscher Reedereien ist Deutsch die Bordsprache. Zwar werden Veranstaltungen und Durchsagen grundsätzlich mehrsprachig durchgeführt, und Rezeption, Oberkellner und Animateure sind polyglott. Ein Großteil des Personals auf ausländischen Schiffen versteht jedoch kein oder nur wenig Deutsch. Ein weiteres Kriterium für die Auswahl ist die Größe des Schiffes. Neuere Ozeanriesen fassen oft über 3000 Passagiere und haben bis zu 14 Decks (Stockwerke). Sie bieten zahlreiche Restaurants und Bars und eine Fülle von Unterhaltungsmöglichkeiten. Andererseits lernt man auf kleineren Schiffen schneller andere Passagiere kennen und fühlt sich individueller betreut. Auf Letzteren werden oft auch Themenreisen angeboten, und Experten stimmen mit Vorträgen auf die Landgänge ein.

In den Gewässern der Kanaren kreuzen vor allem die Clubschiffe von **AIDA Cruises** (www.aida.de). Sie drehen sieben- oder zehntägige Runden zwischen den Inseln mit Abstechern nach Madeira, Spanien oder Marokko. Die Flotte spricht ein junges Publikum an. Auffallend viele Stammkunden wissen das ungezwungene Konzept mit viel Sport und Spaß zu schätzen. Preislich liegen die Reisen im eher günstigen Bereich. Immer öfter sind auch »Mein Schiff« und »Mein Schiff 2« von **TUI Cruises** (www.tuicruises.com) in den Kanarenhäfen zu sehen. Sie stehen für ein stilvolles Erlebnis, was auch durch die Farbgebung – ein klassisches Blau, wie bei den historischen Atlantiklinern üblich – zum Ausdruck kommt. Luxus ist angesagt, Theater und Musical gehören zur Abendunterhaltung.

Wer an Bord des »Traumschiffs« aus der ZDF-Serie gehen möchte, bucht eine Reise auf der MS Deutschland der **Reederei Peter Deilmann** (www.deilmann-kreuzfahrten.de). Auf nur 520 Passagiere kommen hier 280 Crewmitglieder. Lektorenvorträge und Literaturlesungen gehören ebenso dazu wie eine perfekte

Kinderbetreuung. Eine oder mehrere Kanareninseln sowie Madeira läuft die MS Deutschland auf wechselnden Routen zwischen dem Mittelmeer und Südamerika oder Westafrika an. Als luxuriösestes Kreuzfahrtschiff der Welt gilt die 1999 gebaute MS Europa von **Hapag-Lloyd** (www.hlkf.de). Jede der 204 geräumigen Kabinen verfügt über einen Balkon. Im Restaurant sind Spitzenköche am Werk, das Unterhaltungsprogramm ist exquisit, die Landausflüge kommen maßgeschneidert daher. Auf ihren Routen rund um die Welt lässt sich die MS Europa immer wieder in den kanarischen Häfen blicken, ebenso wie die anderen Schiffe der Flotte.

Die bewährte italienische Reederei **Costa** (www.costakreuzfahrten.de) unterhält in Savona, westlich von Genua, ein riesiges Kreuzfahrtterminal und startet von dort zur zwölf-tägigen Reise »Inseln des Atlantiks«, in deren Verlauf Málaga, Madeira, Teneriffa und Casablanca angelaufen werden. Hierbei sind An- und Abreise per Auto oder Bahn möglich. Oft gibt es günstige Angebote. Überschaubar große Schiffe, viel Komfort und persönlicher Service sind typisch für **Phoenix Reisen** (www.phoenixreisen.com). Ab Bremerhaven führt eine 21-tägige Reise zu den Kanaren mit Stopps in Portugal und Marokko. Auch vom Mittelmeer aus werden die Inseln besucht.

Viel Romantik verspricht **Sea Cloud Cruises** (www.seacloud.com) mit seinen beiden Windjammern, auf denen man sich fast wie auf einer privaten Jacht fühlen kann. Während der Fahrt, etwa von Casablanca über Lanzarote und Fuerteventura nach Gran Canaria in acht Tagen, werden – sofern der passende Wind weht – gern die Segel gesetzt.

Sicherheit wird großgeschrieben: Am ersten Tag auf See findet eine Seenotrettungs-übung (▸ S. 16) statt, an der alle Reisenden teilnehmen müssen.

Die richtige Kabine

Der Tagespreis pro Person schwankt je nach Schiffskomfort, Kabinenkategorie und Reisesaison zwischen ca. 200 und 800 €, einschließlich der vollen Verpflegung und oft auch fast aller Getränke. Da bei Kanarenkreuzfahrten die Zeiten auf See relativ kurz sind und man den Tag ohnehin auf dem Sonnendeck oder an Land verbringt, reicht eine **Innenkabine** aus. Die etwas teureren **Außenkabinen** besitzen Bullaugen oder – auf den höher gelegenen Decks – Fenster. Letztere lassen sich im Gegensatz zu Bullaugen in der Regel öffnen. Bei Innenkabinen ersetzen Fernsehaufnahmen, die im Bordfernsehen live übertragen werden, die Sicht hinaus. Luxuriöse, geräumige Suiten mit eigenem Balkon liegen oft in einem separaten VIP-Bereich mit Restaurant, Lounge und Pool.

Die Gefahr, seekrank zu werden, ist auf modernen Schiffen dank guter Stabilisatoren gering. Allerdings kann im Ostatlantik während der Wintermonate durchaus heftiger Seegang auftreten. Wer auf Nummer sicher gehen möchte, bucht eine Kabine in der Schiffsmitte und möglichst weit unten. Vorne und oben sind die Schiffsbewegungen am stärksten spürbar, hinten hört man zudem die Maschinengeräusche.

Das Reisegepäck

Auf den meisten Schiffen geht es heute locker zu. Festliche Kleidung wird nur noch zu besonderen Anlässen erwartet, wie etwa dem Captain's Welcome, einem Cocktailempfang, bei dem der Kapitän jeden Gast mit Handschlag begrüßt. Danach oder auch an einem anderen Tag wird zum Captain's Dinner gebeten. Derartigen Events kann man inzwischen vielfach aus dem Weg gehen, wenn man keine Abendrobe besitzt oder diese angesichts des meist auf 20 kg beschränkten Fluggepäcks nicht mitnehmen möchte.

Die öffentlichen Innenbereiche sind klimatisiert, daher empfiehlt sich eine Strickjacke oder ein leichter Pullover. Auch an Deck kann es durch den Fahrtwind kühl werden, hier tut ein Anorak gute Dienste. An windgeschützten Stellen und beim Liegen im Hafen wiederum ist man der Sonnenstrahlung besonders stark ausgesetzt, da diese vom Meerwasser zusätzlich reflektiert wird. Daher gehören **Sonnenschutzmittel** und eine **Kopfbedeckung** ins Gepäck. Da die meisten Kanarenkreuzfahrten im Winterhalbjahr zwischen Oktober und April stattfinden, sind für die Landausflüge sowohl sommerliche Kleidung als auch ein wärmeres Kleidungsstück und Regenschutz für Fahrten in die Inselgebirge angebracht, ebenso natürlich bequemes Schuhwerk.

Gang an Bord

Kanarenkreuzfahrten beginnen und enden meist auf Teneriffa oder Gran Canaria. Die Reedereien bieten Fluganreisen, oft in Form von Gruppenflügen, in Kombination mit dem Transfer vom Airport zum Hafen und gegen Aufpreis mit individueller Abholung zu Hause (Pick-up-Service) an. Wer die Anreise selbst organisiert, sei es aus Kostengründen oder weil Flugzeiten und -routen den eigenen Bedürfnissen eher entgegenkommen, tut dies auf eigenes Risiko und sollte genügend zeitlichen Spielraum einplanen, um das Schiff nicht zu verpassen.

Das **Einschiffen** beginnt etwa drei Stunden vor dem Ablegen. Das Gepäck ist abzugeben und wird vom Bordpersonal zur Kabine gebracht. Man zeigt das Bordticket und den Reisepass oder Personalausweis vor und passiert eine Sicherheitskontrolle. Die Bordrezeption händigt die Schlüsselkarte (in Ausnahmefällen auch noch ein »richtiger« Kabinenschlüssel) aus und informiert über das Abendessen. Meist ist die Schlüsselkarte identisch mit der Bordkreditkarte, von der Ausgaben an Bord abgebucht werden, und dient als Ausweis bei der Rückkehr von Landgängen, um wieder auf das Schiff zu kommen. Aus Sicherheitsgründen steht die Kabinennummer meist nicht auf der Schlüsselkarte. Daher sollte man sich diese gut einprägen oder separat notieren.

Für Wertgegenstände übernimmt die Reederei keine Haftung. Diese sollten daher im Kabinensafe deponiert werden. Die Rezeption erteilt nähere Auskünfte.

Informiert sein

Viele Informationen über das Schiff sind den Veranstalterkatalogen und dem Internet zu entnehmen. Detaillierte Hinweise enthalten die etwa acht Tage vor Reiseantritt verschickten Unterlagen. An Bord helfen bei der Orientierung die Deckpläne. Es lohnt sich, an der **Informationsveranstaltung** zu Beginn der Reise teilzunehmen. Ein Bordreiseleiter vermittelt dort alles Wissenswerte über den Tagesablauf auf dem Schiff und über Landgänge. Für weitere Fragen steht die Rezeption rund um die Uhr zur Verfügung. Sie nimmt auch Post in Empfang, um sie im nächsten Hafen weiterzuleiten.

Das **Tagesprogramm** ist dem Bordfernsehen sowie Aushängen und Handzetteln, die in den Kabinen ausliegen, zu entnehmen. Diese Medien machen auch auf Informationsvorträge zu speziellen Themen wie Sport, Animation oder Nachtleben aufmerksam. Diese werden von qualifiziertem Personal gehalten, also von an Bord beschäftigten Animateuren. Abendliche Multimedia-Präsentationen bereiten auf den Landgang im nächsten Hafen vor. Bei dieser Gelegenheit kann man organisierte Ausflüge, Mietwagen oder Fahrräder buchen.

Schon bei Ankunft in der Kabine empfiehlt es sich nachzuschauen, wo sich die persönliche Rettungsweste befindet, wie diese angelegt wird und wo die Fluchtwege verlaufen. Innerhalb der ersten 24 Stunden an Bord wird die international vorgeschriebene **Seenotrettungsübung** durchgeführt. Die Teilnahme mit angelegter Schwimmweste ist für jeden Passagier Pflicht. Besatzungsmitglieder überprüfen deren Sitz und geben weitere Hinweise, etwa welches Rettungsboot im Ernstfall – der hoffentlich nie eintritt – zu besteigen ist.

Das Leben unterwegs

Die **Mahlzeiten** an Bord werden in Buffetform angeboten oder am Tisch serviert. Gibt es mehrere Restaurants, sind beide Alternativen vorgesehen. Zehn oder mehr Themenrestaurants sind auf Ozeanriesen keine Seltenheit. Für manche Bereiche wird dann Zuzahlung erhoben. Am Nachmittag gibt es Kaffee oder Tee, begleitet von Kuchen. Für Nachtschwärmer steht ein Mitternachtssnack bereit. Die Essenszeiten

Bereit zum Landgang (▶ S. 18): Die Gangway bringt die Kreuzfahrer trockenen Fußes an Land, wo Besichtigungsfahrten, Thementouren oder faule Strandtage auf sie warten.

sind dem jeweiligen Tagesprogramm zu entnehmen, sie können je nach Liegedauer im Hafen variieren. Auf größeren Schiffen erhält man Pizzastücke und andere Snacks durchgehend von morgens bis spät abends. In zwei Schichten wird nur noch selten gegessen. Meist können die Restaurants alle Gäste gleichzeitig aufnehmen. Auf kleineren Schiffen gibt es reservierte Plätze, an denen man während der gesamten Fahrt mit den selben Tischnachbarn zusammensitzt. Bei Unzufriedenheit fragt man

den Oberkellner, ob es möglich ist zu wechseln. Vielfach besteht jedoch inzwischen freie Platzwahl.

Das **Rauchen** ist generell in den Bordrestaurants und auf manchen Schiffen sogar in allen geschlossenen Räumlichkeiten nicht gestattet. Raucher sind dann auf die Außenbereiche angewiesen. Zumeist sind Zigarette, Zigarre oder Pfeife aber in den Bars erlaubt, und es sind in den Gesellschaftsbereichen Raucherzonen ausgewiesen. In den Kabinen darf man entweder grundsätzlich rauchen, oder es besteht bei der Buchung die Wahl zwischen Raucher- und Nichtraucherkabinen.

Jedes Kreuzfahrtschiff verfügt über eine **Ladenzeile**, wo man Kleidung und Dinge für den täglichen Bedarf, etwa Drogerieartikel, sowie Zeitschriften, Bücher und Souvenirs erwerben kann.

Entertainment

Das klassische Bordkino ist »out«, seit es in jeder Kabine einen Fernseher gibt und – gegen Gebühr – DVDs verliehen werden. Auch Spielcasinos wurden zumindest auf deutschen Schiffen abgeschafft, da das Interesse fehlte. Stattdessen laden die Reedereien Opernstars, Popsänger oder bekannte Komiker ein, um das **Abendprogramm** so abwechslungsreich wie möglich zu gestalten. In den Bars wird Livemusik geboten, am Pooldeck steigen Themenpartys. Auch tagsüber wird es nie langweilig. Starköche veranstalten Kochkurse, Sommeliers halten Weinseminare, Salsa-Tänzer vermitteln ihre Künste. Die **Kinder-Animation** kommt nicht zu kurz. Generell werden Familien zunehmend als Kreuzfahrtgäste entdeckt. Oft reisen Kinder kostenlos oder stark ermäßigt mit. Animateure kümmern sich um die Kleinen, während die Eltern sich entspannt zurücklehnen oder einen Landgang unternehmen. Manche Reedereien bieten sogar spezielle Landausflüge für die Kids an.

Wohlfühlprogramm

An Bord wird **Wellness** ganz großgeschrieben. Oft verfügen die Schiffe über Pooldecks und Saunalandschaften, die manchem Luxushotel zur Ehre gereichen würden. Dort kann man sich auch – meist kostenpflichtige – Massagen und kosmetische Anwendungen unterschiedlichster Art gönnen. **Sport** ist ebenfalls ein wichtiges Thema. Traditionell wird auf Kreuzfahrtschiffen Shuffleboard gespielt, wobei zwei Spieler Scheiben mit einem Cue (Schieber) über ein Feld schießen. Hinzu kommen Oceanvolleyball, Basketball und Squash. Für Golfer gibt es Putting Greens oder sogar regelrechte kleine Plätze. Kletterwand und Jogging-Parcours gehören immer öfter zur Ausstattung. Manchmal wird auch persönliches Coaching angeboten. Ein Experte berät dann individuell in Sachen Sport und Ernährung.

Die Landgänge

Das Angebot an **organisierten Ausflügen** reicht von klassischen Sightseeing-Fahrten über Thementouren, Jeepausflüge, Wanderungen und Ausfahrten per Glasbodenboot oder zur Walbeobachtung bis hin zu Aktivprogrammen wie Tauchen, Schnorcheln, Wellenreiten oder Golf. Wer mag, kann sich auch einfach an einen attraktiven Strand oder zum Shopping auf einen landestypischen Markt fahren lassen.

Natürlich hat es durchaus seinen Reiz, Ausflüge und Aktivitäten an Land in eigener Regie zu unternehmen. Schon an Bord oder meist auch bei Ankunft im Hafen kann man einen Mietwagen oder ein Fahrrad buchen. Auch zu Fuß, mit öffentlichen Verkehrsmitteln oder per Taxi sind viele interessante Ziele zu erreichen. Kehrt ein Passagier allerdings von seinem **individuellen Landgang** nicht pünktlich zurück, wird in der Regel planmäßig ausgelaufen. Man muss dann versuchen, das Schiff auf eigene Kosten im nächsten Hafen wieder zu erreichen. Daher ist es wichtig, genügend Zeit einzuplanen und für den Notfall Ausweis und Kreditkarte mitzuführen.

Die in diesem Führer beschriebenen Haupthäfen der Kanarischen Inseln sowie der angrenzenden Festlandküsten besitzen allesamt Passagierkais. In Ausnahmefällen, etwa wenn kleinere Häfen wie Los Cristianos (Teneriffa) oder Porto Santo (Nachbarinsel von Madeira) angelaufen werden, müssen die Passagiere in Tenderbooten an Land gesetzt werden, eine etwas umständlichere Prozedur. Wetterbedingt können Landgänge dann ganz ausfallen.

Zum Abschied

Irgendwann geht die Kreuzfahrt unweigerlich zu Ende. Man bezahlt noch offene Rechnungen, hinterlegt Trinkgelder gemäß den Empfehlungen der Bordreiseleitung und schaut beim Bordfotografen vorbei, um vielleicht das eine oder andere Erinnerungsfoto zu erstehen. Auf größeren Schiffen werden die Passagiere, um Staus vor den Ausgängen zu vermeiden, in Ausschiffungsgruppen eingeteilt. In der Regel sind die gepackten Koffer am Vorabend vor der Kabinentür abzustellen, damit Gepäckträger sie morgens zum Transferbus bringen können. Bitte nicht vergessen, die Kleidung für den nächsten Tag herauszulegen und wichtige persönliche Dinge im Handgepäck zu verstauen. Die Kabine ist gegen 8 Uhr zu räumen, danach bleibt meist noch genügend Zeit für das Frühstück. In der Regel starten die Rückflüge von den Kanarischen Inseln nach Mitteleuropa

grüner reisen

Kreuzfahrten sind ökologisch nicht unumstritten. Schiffsantrieb, Wasseraufbereitung und Heizung verbrauchen viel Energie, und es fallen riesige Mengen Müll und Abwasser an. Doch sind für die Kreuzfahrtreedereien die Verwendung innovativer Technologien und das Einsparen und Recyceln von Müll inzwischen selbstverständlich. Die AIDA-Schiffe sind nach der internationalen Umweltnorm ISO 14001 zertifiziert, und Costa Kreuzfahrten schützt gemeinsam mit dem WWF Ökoregionen im Mittelmeer. Während einer Kreuzfahrt bieten sich Ihnen viele Möglichkeiten, sich an Land umweltbewusst zu verhalten und Menschen zu unterstützen, denen ein verantwortungsvoller Umgang mit der Natur am Herzen liegt, beispielsweise durch den Besuch von Restaurants, die (Bio-)Produkte aus der Region verwenden, oder dem Einkauf in kleinen Läden, die noch traditionelle Produkte fertigen.

🌿 Grüne Empfehlungen sind durch dieses Symbol gekennzeichnet.

erst am frühen Nachmittag. Etwa drei Stunden vor Abflug erfolgt der Transfer zum Flughafen. Für die Wartezeit bis dahin sollte man Lektüre bereithalten, denn an Bord sind jetzt fast alle Einrichtungen geschlossen. Vielleicht studiert man schon den Katalog für die kommende Saison, der oft am Vortag in die Kabine gelegt wird. Er macht Lust auf eine weitere Kreuzfahrt im nächsten Jahr.

Essen und Trinken
Die Kanarischen Inseln bieten rund um den Kochtopf eine bunte Palette. Fisch aus dem Atlantik, Fleischgerichte und exotische Früchte spielen Hauptrollen auf der kulinarischen Bühne.

◄ Tapas (▶ S. 21), die für Spanien typischen kleinen Appetithäppchen, munden zu jeder Tageszeit.

Typisch kanarisch ist der **Gofio**. Die mehlähnliche Substanz wird aus gerösteten Getreidekörnern oder Hülsenfrüchten gewonnen und bei Tisch in Suppen und Soßen gerührt, um diese gehaltvoller zu machen. Man kann mit Wasser, gehackten Zwiebeln und Kräutern auch Kugeln daraus kneten und als Snack zu einem Glas Wein genießen. Sogar den Frühstückskaffee peppen die Canarios gern mit etwas Gofio auf, und er ist Zutat für manches Dessert. Der indigenen kanarischen Bevölkerung ersetzte er sogar das Brot, dessen Herstellung sie nicht beherrschte. Zwischenzeitlich war das vielseitige Produkt ein wenig aus der Mode gekommen, erlebte aber mit der Rückbesinnung vieler Kanarenbewohner auf ihre prähistorischen Wurzeln eine Renaissance. Touristen wird Gofio selten angeboten, man muss danach fragen. Wer ihn mit nach Hause nehmen möchte, findet eine große Auswahl in jedem Supermarkt. Man sollte übrigens nicht versuchen, damit zu backen, denn das Ergebnis wäre hart wie Beton.

Gepflegte Kleinigkeiten

In Spanien heißen sie **Tapas**, auf den Kanaren auch **Enyesques**. So oder so handelt es sich um pikante Dinge, die zu jeder beliebigen Tageszeit zwischendurch genossen werden oder auch eine Mahlzeit ersetzen können. Die »tapa« im engeren Sinne ist ein winziger Appetithappen. Wer satt werden möchte, bestellt eine »ración« (Portion). In Bars, wo viele Einheimische verkehren, sind die Tapas oft in Kühltheken auf dem Tresen ausgestellt, um die Auswahl zu erleichtern. Kalt gegessen werden etwa »boquerones« (sauer eingelegte Sardellen), Tintenfischsalat oder Russischer Salat. Unter den warmen Gerichten erfreuen sich Kichererbseneintopf, »albóndigas« (Fleischklößchen) und verschiedene Sorten Fisch großer Beliebtheit. In den Metropolen gehört der **Tapeo** am Wochenende zum festen Abendprogramm, speziell auch in Cádiz und Málaga. Die Menschen ziehen im kleineren oder größeren Freundeskreis von Kneipe zu Kneipe, probieren hier das eine und da das andere Häppchen und genehmigen sich dazu jeweils ein Glas Wein.

Aus dem Meer

Generell kommen in Spanien und Portugal häufig **Fisch** und **Meeresfrüchte** auf den Tisch. Dabei sind die Gewässer speziell der Inseln gar nicht einmal reich an Fisch. Auf Madeira macht man aus der Not eine Tugend und angelt den in 1000 m Tiefe lebenden, schmackhaften und grätenarmen »espada« (Degenfisch). Gern wird er als Filet mit Banane zubereitet. Eine größere Vielfalt herrscht auf den Kanaren, wo es sich lohnt, in den oft sehr einfachen, bei den Einheimischen aber ungemein beliebten Hafen- und Strandlokalen (»kiosco«, »chiringuito«) einzukehren. Dort wird der frische Fang, meist verschiedene Brassenarten, einfach auf einer Eisenplatte (»plancha«) gebacken und mit »papas arrugadas« serviert, in Meerwasser gekochten Kartoffeln, die mitsamt ihrer verschrumpelten Schale gegessen werden. Dazu gehört »mojo«, eine rote oder grüne Würzsoße mit

Paprika, Kräutern und Knoblauch, die mild oder auch höllisch scharf sein kann. Thunfisch landet in der Regel als Steak auf dem Teller, auf Madeira gern von einer Zwiebelsoße begleitet. Charakteristisch für die Kanaren und Madeira sind »lapas« (Napfschnecken), die an Felsen in der Brandungszone leben. Mit Knoblauch gegrillt, entfalten sie ihr volles Aroma. Ansonsten haben Meeresfrüchte auf den Inseln Seltenheitswert, Muscheln und Krabben werden vom spanischen Festland eingeflogen. Es lohnt sich eher, diese in Cádiz zu probieren.

Deftig gegrillt

Auch **Fleisch** wird oft und in großen Portionen verspeist. Über die Kanareninseln verteilen sich geräumige Ausflugslokale, oft »parilla« (Grillstube) genannt, in denen am Wochenende ganze Familien mit Kind und Kegel zum ausgiebigen Tafeln zusammenkommen. Gegrilltes Huhn oder Spanferkel sowie Schmorgerichte aus Kaninchen oder Zicklein sind die Favoriten. Die Spezialität schlechthin auf Madeira heißt »espetada«. Den überlangen Rindfleischspieß, mit Lorbeer und Knoblauch gewürzt, teilen sich mehrere Personen. Ist er aufgegessen, wird nachgeliefert. Gemüse spielt eher eine Nebenrolle, wird vielfach vorwiegend in Suppen und Eintöpfen verarbeitet. Vegetarier haben es auf den Inseln verhältnismäßig schwer. Allerdings schießen jetzt überall die Restaurants kreativer Jungköche, die regionale Rezepte neu interpretieren, wie Pilze aus dem Boden. Auf ihren Speisekarten führen sie meist auch zwei oder drei vegetarische Gerichte.

Gewürze des Orients

In Marokko sind die verschiedenen Varianten von »tajine«, einem klassischen Schmortopf mit oder ohne Fleisch, und natürlich der auch bei uns bekanntere »couscous« (Hartweizengrieß, garniert mit Kichererbsen, verschiedenen Gemüsesorten, Lammfleisch oder Huhn) hervorzuheben. Zum Dessert wird Gebäck gereicht, das häufig Datteln, Rosinen, Mandeln oder Honig enthält. Im Mittelalter wurden diese Zutaten auch auf der Iberischen Halbinsel populär, wie überhaupt die Mauren dort die Küche stark beeinflussten. Bis heute erinnert daran in Spanien und Portugal die reichliche Verwendung von orientalischen Gewürzen wie Safran oder Koriander, speziell bei den klassischen Reisgerichten wie »paella« oder – auf Madeira und in Lissabon – »arroz de mariscos« (Reis mit Meeresfrüchten). Zwar ist die ursprünglich aus Valencia stammende Paella für die Kanarischen Inseln nicht wirklich typisch, aber Freizeitangler bereiten sie mit ihrem frischen Fang gern für die ganze Familie am Strand zu, und sie wird in vielen Restaurants angeboten.

Süße Versuchungen

Auch die üppigen **Desserts** und **Kuchen** sind ein maurisches Erbe. Eine außerordentlich beliebte Nachspeise ist »bienmesabe« (wörtl. »schmeckt mir gut«), eine Kreation aus Eiern, Mandeln und Honig. Auf Teneriffa und La Gomera, wo die Kanarische Dattelpalme den sirupartigen Palmhonig liefert, wird dieser gern mit Ziegenfrischkäse zu einem einfachen, aber köstlichen Dessert kombiniert. Besonders auf La Palma werden kleine Zuckerhüte mit Gofio gegossen, die »rapaduras«. Wem diese Naschereien zu kalorienreich erscheinen, der hat die Wahl zwischen verschiedenen tropischen Früchten, die sowohl auf den Inseln als auch in Andalusien gedeihen. Die Kanaren erzeugen Bananen, die gern mit Cognac und Orangensaft flambiert und mit Vanilleeis serviert werden. Mangos, eine kleine einheimische Sorte, haben im Herbst Saison. Madeira ist für die Anona bekannt, die in Südspanien Cherimoya heißt – eine empfindliche Frucht mit birnenähnlichem Geschmack.

WUSSTEN SIE, DASS …

… die kanarische »Zwergbanane« nicht wegen ihrer kleinen Früchte, sondern wegen des niedrigen Wuchses der Staude so heißt? Die Bananen reifen unter optimalen Bedingungen zu ganz normaler Größe heran.

Die Getränke dazu

Kaffee ist ein wichtiges Thema in Spanien, und zwar zu allen Tageszeiten. Während der Arbeitspausen gehen die Canarios gern in die nächstgelegene Bar und genehmigen sich einen »cortado« (Espresso mit dicker Kondensmilch). Mitteleuropäischen Geschmäckern kommt meist eher der »café con leche« (Milchkaffee) entgegen. Zum Abschluss eines Essens, ob mittags oder abends, gehört ein »café solo« (Espresso). In Portugal heißen die entsprechenden Spezialitäten »garoto«, »meia de leite« (auf Madeira »chinesa«) und »bica«, wobei noch der »galão« hinzukommt, ein Kaffee mit sehr viel Milch.

Obwohl auf Gran Canaria auch **Bier** gebraut wird, trinken die Bewohner der Kanarischen Inseln doch eher **Wein** zum Essen. Gute rote und weiße Tischweine mit kontrollierter

Unwiderstehlich: »bienmesabe«
(▸ S. 22), ein kanarisches Dessert.

Ursprungsbezeichnung (»denominación de origen«) kommen von Teneriffa, Lanzarote und La Palma. Seit 500 Jahren fast unverändert produziert wird auf La Palma der Malvasía, ein Aperitifwein. Teetrinker kommen in Marokko auf ihre Kosten. Allgegenwärtig ist dort der »thé à la menthe«, sehr heiß servierter grüner **Tee** mit Minze und viel Zucker.

Empfehlenswerte Restaurants finden Sie bei den Orten im Kapitel ▸ **Unterwegs um die Kanarischen Inseln.**

Preise für ein dreigängiges Menü:

€€€€ ab 35 €	€€ ab 15 €
€€€ ab 25 €	€ bis 15 €

Einkaufen

Einkaufen Das Shoppingerlebnis kommt auf einer Kreuzfahrt durch den Kanarenarchipel nicht zu kurz. Strick- und Korbwaren, Keramik und kulinarische Spezialitäten sind hübsche Andenken an das Inselhopping.

◄ Das traditionelle Handwerk des Korb-flechtens wird vor allem in Tefia auf der Insel Fuerteventura (▶ S. 56) ausgeübt.

Kreuzfahrtpassagiere finden überall in Hafennähe Geschäfte, die landestypische Souvenirs führen. Wer ein Erinnerungsstück an seine Schiffsreise erstehen möchte, muss somit keine weiten Wege zurücklegen. In den spanischen und portugiesischen Hafenstädten sind meist auch die feinen Einkaufsstraßen mit Juwelieren und Designerstores bequem zu erreichen. Einen besonderen Reiz üben vielerorts die **Markt-hallen** und **Wochenmärkte** aus, die mit ihrem bunten, überbordenden Angebot faszinieren und den Besucher abseits der Touristenpfade in das Alltagsleben des Urlaubslandes eintauchen lassen. In Marokko verlocken die **Souks**, in deren engen Gassen sich Läden von Handwerkern und Händlern aneinanderreihen, zum ausgiebigen Stöbern nach Teppichen, Lederwaren und Holzarbeiten. Während dort das Feilschen zum guten Ton gehört, ist es auf der Iberischen Halbinsel und den zugehörigen Inseln höchstens bei besonders teuren Einkäufen üblich.

Spitzen, Körbe, Ton

Die Kanareninseln Teneriffa, Fuerteventura und La Palma sind, wie auch Madeira, für handgefertigte **Stickereiwaren** bekannt. Qualität hat natürlich ihren Preis. Daher wird oft Billigware aus Fernost angeboten. Wer sicher gehen möchte, echte einheimische Handarbeit zu erwerben, sollte auf Echtheitssiegel achten und nur in seriösen Geschäften kaufen, in Funchal etwa im Shop einer der dort ansässigen Stickereimanufakturen.

Ebenfalls charakteristisch für die Inseln sind **Flechtarbeiten.** Körbe aus Weidenruten sowie Taschen, Hüte und Matten aus Palmstroh eignen sich hervorragend als Mitbringsel. Auf den meisten Kanareninseln arbeiten Töpfer noch nach Art ihrer Vorfahren, also ohne Drehscheibe. Sorgfältig verziert ist die **Keramik** von La Palma, archaisch wirken die Tongefäße von Lanzarote und La Gomera.

Exotische Genüsse

Auch ausgefallene flüssige Souvenirs kann man mit nach Hause nehmen, von Gran Canaria etwa den einheimischen **Rum**, von Teneriffa den **Bananenlikör.** Die Winzer auf Lanzarote erzeugen auf ihren trockenen Vulkanböden den berühmtesten **Wein** der Kanaren. **Madeira-wein** ähnelt dem Sherry oder Port, zeichnet sich aber durch einen sanften Karamellgeschmack aus. Weinstuben in Funchal laden zur Probe und zum Kauf ein.

Die eigenwillige kanarische Würzsoße **Mojo** mit viel Knoblauch ist auf allen Inseln in ihrer roten, oft recht scharfen und der milderen grünen Variante in kleinen Gläsern erhältlich. Auch **Marmelade** in ungewöhnlichen Sorten, etwa aus Kaktusfeigen, Tomaten, Maulbeeren und sogar aus Bananen, steht als Mitbringsel zur Verfügung. Auf La Palma und Fuerteventura kommt aus Salinen noch handwerklich hergestelltes **Meersalz**, das dem von Gourmets geschätzten »fleur de sel« (Salzblüte) durchaus ebenbürtig ist.

Empfehlenswerte Geschäfte und Märkte finden Sie bei den Orten im Kapitel ▶ Unterwegs um die Kanarischen Inseln.

Feste und Events Religiöse Feste bieten
rund ums Jahr Anlass zum ausgiebigen Feiern. Zu einer
Fiesta gehören Musik und Tanz, farbenprächtige Umzüge,
Feuerwerk und kulturelles Beiprogramm.

◄ Blumenmädchen begrüßen zur Festa da Flor (► S. 27), dem Blumenfest auf der Insel Madeira, den Frühling.

FEBRUAR / MÄRZ

Carnaval, Santa Cruz de Tenerife

Südamerikanisch lebhaft wird der Karneval auf den Kanaren gefeiert. Hochburg ist die Hauptstadt von Teneriffa, wo die Menschen zwei Wochen lang in fantasievollen Kostümen zu Latino-Rhythmen durch die Straßen tanzen, und zwar bis in die frühen Morgenstunden und bei milden Temperaturen um die 20 Grad. Der große Umzug am Karnevalsdienstag braucht den Vergleich mit Rio de Janeiro nicht zu scheuen. Am Aschermittwoch wird die Feuerbestattung einer überdimensionalen, aus Lumpen gefertigten Sardine betrauert, die zuvor auf einer feierlichen Prozession durch die Stadt getragen wird.
www.carnavaltenerife.com

Carnaval, Cádiz

Auf dem spanischen Festland ist Cádiz für seinen Karneval berühmt. Elf Tage lang tanzen Einheimische sowie unzählige Besucher in fantastischen Kostümen durch die Straßen der Altstadt und verwandeln diese in ein schillerndes Meer aus Farben. Erster Höhepunkt ist die »cabalgata«, ein Umzug mit Festwagen am Sonntag. Am folgenden Rosenmontag tragen überall in der Stadt Gesangsgruppen die typischen Spottlieder vor. Mit der Verbrennung des »dios momo«, des Karnevalsmaskottchens, am Aschermittwoch ist noch längst nicht alles vorbei. Erst ein weiterer humoristischer Umzug am folgenden Sonntag beendet den Karneval.
www.carnavaldecadiz.com

MÄRZ / APRIL

Lebrancho Rock, Puerto del Rosario, Fuerteventura

Zu dem Rockfestival am Hafen reisen Nachwuchsgruppen aus ganz Spanien an. Zwischendurch heizen DJ's dem begeisterten Publikum ein. Zwei Nächte, von Freitagabend bis Sonntagmorgen, geht es zur Sache. Wochenende vor Ostern • Plaza de Las Escuevas • www.lebranchorock.com

Semana Santa, Las Palmas de Gran Canaria

In der Osterwoche ziehen Prozessionen durch die Vegueta, die Altstadt von Las Palmas, ausgerichtet von Laienbruderschaften oder alteingesessenen Familien. Am eindrucksvollsten sind am Karfreitag die »Procesión de las Mantillas«, bei der Frauen mit weißen Kopftüchern der Statue der Muttergottes folgen, und die »Procesión Magna« mit 14 Heiligenfiguren, die mehrere Stunden lang durch die Gassen getragen werden. Viele Teilnehmer tragen das Büßergewand mit spitzen Kapuzen, die das Gesicht verhüllen.
Karwoche • www.kanarisches bistum.org

Festa da Flor, Funchal, Madeira

Highlight im Festtagsreigen der Insel Madeira ist das dreitägige Blumenfest. Es geht auf Wurzeln zurück und läutet den Frühling ein. Beim großen Blumenkorso am Sonntag ziehen prächtig geschmückte Wagen durch die Innenstadt von Funchal, begleitet von aufwändig herausgeputzten Tanzgruppen. Am Samstag geht ein bunter Kinderumzug diesem Ereignis voraus.
Zweites Wochenende nach Ostern • www.madeiraislands.travel

MAI

Fiesta de la Cruz, Santa Cruz de La Palma

In uralter Tradition hüllen die Stadtbewohner in der Nacht vor dem Fest Hunderte von Wegkreuzen in glänzende Stoffe oder Seidenpapier und schmücken sie mit Blüten, Kerzen und allerlei Accessoires. Vor Häusern und auf Balkonen stehen »mayos«, überlebensgroße, groteske Puppen – ein archaischer Brauch zur Verabschiedung des Winters. Es finden Prozessionen statt, danach herrscht Volksfeststimmung. Das Kreuzfest wird vielerorts im spanischsprachigen Raum begangen, aber Santa Cruz erinnert damit zugleich auch an die Stadtgründung am 3. Mai 1493.
3. Mai • www.lapalmaturismo.com

OKTOBER

Fiesta de Nuestra Señora de Guadalupe, San Sebastián de La Gomera

Pilger von ganz La Gomera machen sich auf den Weg in die Hauptstadt, um die Inselheilige Virgen de Guadalupe zu verehren. Dort ziehen sie am Samstag, einen Rosenkranz singend, durch die Straßen. Am Sonntag geht die Pilgerfahrt weiter zum Heiligtum der Madonna an der Landspitze Puntallana, wo Messen, Prozessionen und religiöse Tänze zelebriert werden. Alle fünf Jahre (2013, 2018 usw.) wird aus der Fiesta ein weit über La Gomera hinaus beachtetes Großereignis, die »Bajada« (Herabführung). Dann überführt eine Schiffsprozession die Statue der Jungfrau nach San Sebastián, von wo sie wochenlang durch die anderen Inselgemeinden reist und am 12. Dezember in ihr Heiligtum zurückkehrt.
Wochenende Anfang Oktober

DEZEMBER

Maratona de Lisboa, Lissabon

Ein Megaevent mit zuletzt über 1500 Teilnehmern aus Portugal und vielen anderen Ländern ist der seit 1986 veranstaltete Marathon. Wer sich für die volle Strecke, die durch das gesamte Stadtgebiet führt, nicht fit genug fühlt, kann am »Mini Maratona« (6 km) teilnehmen. Beide Rennen starten im Estádio 1° de Maio. Am Vorabend steigt eine gewaltige Party.
Erster Dezembersonntag • www.lisbon-marathon.com

Fim do Ano, Funchal, Madeira

Zum Jahreswechsel steuern zahlreiche Kreuzfahrtschiffe die Insel Madeira eigens zum berühmten Silvesterfeuerwerk an, einem der spektakulärsten der Welt. Rund um die weit geschwungene Bucht von Funchal schießen Raketenfontänen in die Höhe und zeichnen farbenprächtige Bilder in den Himmel. Die Schiffe im Hafen und auf der Reede begrüßen das neue Jahr mit Böllerschüssen.
31. Dez./1. Jan.

In **Marokko** richten sich die religiösen Feste nach dem islamischen Kalender, daher verschieben sich die Termine jedes Jahr um elf Tage nach vorne. Am bekanntesten ist der Fastenmonat **Ramadan**. Während dieser Zeit steht das öffentliche Leben tagsüber praktisch still. Banken und Geschäfte haben reduzierte Öffnungszeiten, Cafés und Restaurants öffnen nicht vor Einbruch der Dunkelheit. Denn erst dann darf gegessen und getrunken werden. Nächste Termine: 20. Juli–18. Aug. 2012, 9. Juli–7. Aug. 2013

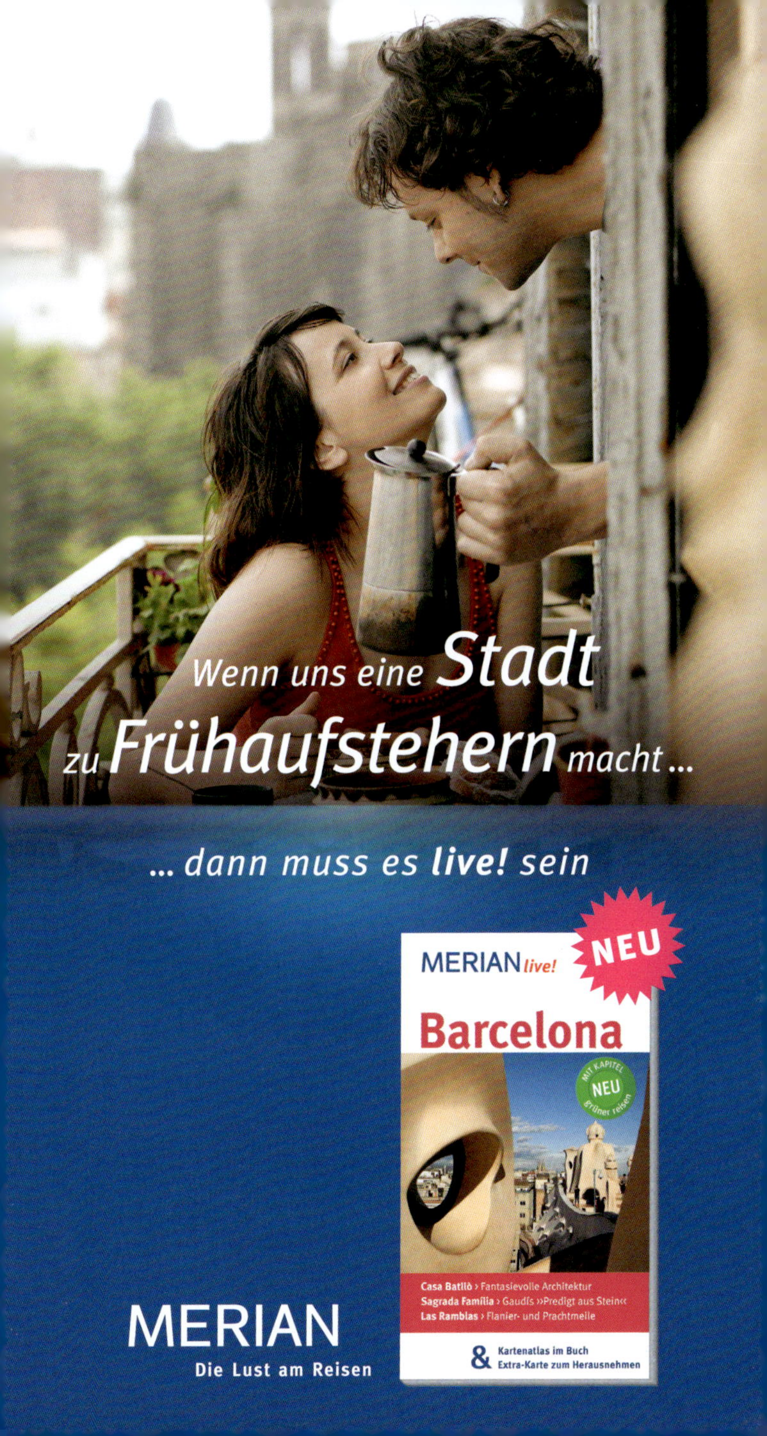

Wenn uns eine **Stadt** zu **Frühaufstehern** macht ...

... dann muss es **live!** sein

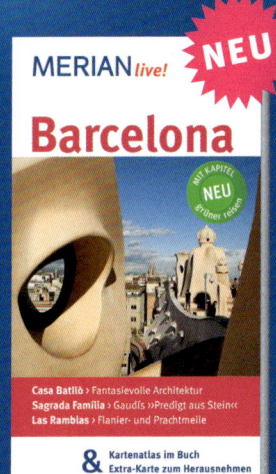

Bunt bemalte Häuschen, kleine Restaurants und hübsche Cafés säumen den
Hafen von Puerto de Mogán (▶ S. 54),
den Bilderbuchort auf Gran Canaria.

Unterwegs um die
Kanarischen Inseln

Eine Kreuzfahrt um die Kanarischen Inseln verheißt
ewigen Frühling vor grandiosen Naturkulissen,
Inselcharme und südländische Gastfreundschaft.

Teneriffa

Die größte Kanareninsel begeistert mit herrlichen Landschaften, lebendigen Städten und kultureller Vielfalt. Strandgänger wählen zwischen sandigen Playas und künstlerisch gestalteten Felsenpools.

◄ Markantes Wahrzeichen der Inselhauptstadt Santa Cruz de Tenerife: das Auditorio de Tenerife (▸ S. 33).

Teneriffa steht auf dem Programm fast aller Kanarenkreuzfahrten. Die beeindruckende Kulisse mit dem höchsten Berg Spaniens, dem oft von Schnee gekrönten Vulkankegel Pico del Teide (3717 m), grüßt schon von Weitem. Während sich der Inselnorden oft in Passatwolken hüllt, unter denen Bananen und Wein gedeihen, zeigt sich der Süden wüstenhaft trocken. Schon Alexander von Humboldt pries vor über 200 Jahren die Vorzüge Teneriffas. Im 19. Jh. noch exklusives Urlaubsziel des Adels, entwickelte sich die »Insel des ewigen Frühlings« in den vergangenen Jahrzehnten zu einem Touristenmagneten ersten Ranges.

Santa Cruz de Tenerife

▸ S. 141, E 1/2

223 000 Einwohner
Stadtplan ▸ S. 35

Als zweitgrößte Stadt der Kanarischen Inseln konkurriert Santa Cruz de Tenerife mit Las Palmas auf Gran Canaria. Beide Städte teilen sich die Hauptstadtfunktion, alle vier Jahre wechselt die Regierung ihren Sitz. Zwar hat Las Palmas immer wieder die Nase vorn, doch dafür bietet Santa Cruz dem von Meer her anreisenden Besucher das schönere Stadtbild, mit seiner weißen, dicht geschlossenen Bebauung und dem schroffen Anaga-Gebirge im Hintergrund. Nicht nur zum Karneval, der hier besonders aufwändig gefeiert wird, stellen die Bewohner ihr Temperament unter Beweis. Santa Cruz ist eine Stadt mit viel Flair, mit gepflegten Plätzen und hübschen Parks, einem lebhaften Markt und beachtlichen Sehenswürdigkeiten.

HAFEN

In Santa Cruz de Tenerife liegt der Passagierkai für Kreuzfahrtschiffe nur etwa 400 m vom Hauptplatz Plaza de España entfernt. Dort beginnt auch gleich die Fußgängerzone Calle del Castillo mit vielen Geschäften. Alle wichtigen Sehenswürdigkeiten sind zu Fuß zu erreichen. Legen mehrere Schiffe gleichzeitig in Santa Cruz an, machen sie auch an der Außenmole fest, bis zu 1,5 km von der Plaza de España entfernt. Taxis stehen am Kai bereit. www.puertosdetenerife.org

SEHENSWERTES
Auditorio de Tenerife

▸ S. 35, südwestl. b 6

Mit seiner spektakulären Architektur präsentiert sich das Auditorium als modernes Aushängeschild der Stadt. Nach einem Entwurf des valencianischen Stararchitekten Santiago Calatrava (geb. 1951) entstand es 2003. Wie ein gewaltiges, aufgeblähtes Segel überspannt das frei schwebende Dach die küstennahe Konzerthalle, in der bis zu 1600 Zuschauer Opernaufführungen, Auftritte des Symphonieorchesters von Teneriffa (www.ost.es) sowie Rock-, Pop- und Jazzkonzerte verfolgen können. Die vielfältigen Veranstaltungen finden in der Regel am Wochenende (Fr–So) statt, sowohl tagsüber als auch abends. Außerdem ist das Haus im Rahmen von Führungen zu besichtigen. Av. de la Constitución 1 • www. auditoriodetenerife.com • Führungen: Mo–Sa 12.30 Uhr, Juli–Sept. auch Mo–Fr 17.30 Uhr

Iglesia de Nuestra Señora de la Concepción ▶ S. 35, b 5

Traditionelles Wahrzeichen von Santa Cruz ist der schlanke Turm der Empfängniskirche mit achteckigem Glockenaufsatz. Zu seiner Erbauungszeit im 17. Jh. häuften sich die Piratenüberfälle auf kanarische Küstenstädte. Daher diente er zugleich als Wehrturm, auf dem ständig ein Posten nach feindlichen Schiffen Ausschau hielt. Die Kirche selbst wurde 1502 gegründet, später aber mehrfach erweitert. Das Innere ist fünfschiffig, einzigartig für die Kanaren. Es birgt aufwändige Holzschnitzereien, etwa das Chorgestühl, die Decken einiger Seitenkapellen und den prächtig mit Blattgold verzierten Hauptaltar. Zu dessen Linken wird in einer Kapelle das Kreuz verehrt, dem die Stadt ihren Namen verdankt. Der spanische Eroberer Alonso Fernández de Lugo ließ es 1493 zum Zeichen des Sieges über die indigene Bevölkerung am Strand von Santa Cruz aufstellen.
Av. de Bravo Murillo

Iglesia de San Francisco de Asís ▶ S. 35, c 3

Die ehemalige dreischiffige Franziskanerkirche an der gleichnamigen Plaza gilt als ausnehmend schönes Beispiel für den spanischen Barockstil und beeindruckt den Besucher mit ihren holzgeschnitzten Retabeln (Altarrückwänden) aus dem 17./18. Jh., die reich mit Blattgold belegt und mit Gemälden und Skulpturen geschmückt sind. Herausragende Bedeutung besitzt der Altar mit dem »Señor de Santa Cruz«, einer dramatisch gestalteten Christusbüste, die von den Stadtbewohnern besonders inbrünstig verehrt wird. Die Figur soll mehrfach Wunder wie etwa das Ende einer verheerenden Cholera-Epidemie im Jahre 1893 bewirkt haben. Am Dienstag in der Karwoche zieht eine nächtliche Prozession mit der Büste durch die Straßen rund um die Kirche.

MUSEEN

Museo de la Naturaleza y el Hombre (MNH) ▶ S. 35, c 5

Das moderne Museum, das eine Ausstellungsfläche von 40 000 qm umfasst, beschäftigt sich sowohl mit der Natur als auch mit den Menschen. Die naturkundliche Abteilung zeigt paläontologische, botanische und zoologische Sammlungen und genießt internationalen Ruf, was die Erforschung der makaronesischen Flora und Fauna betrifft. Unter dem Begriff Makaronesien (griech.: glückliche Inseln, makarios – glücklich, nesos – Insel) werden die ostatlantischen Archipele Kanaren, Selvagens, Madeira, Azoren und Kapverden zusammengefasst.
Die archäologisch-anthropologische Abteilung des Museums widmet sich der Vorgeschichte Teneriffas, der Zeit also, als die aus Nordafrika eingewanderten Guanchen bis zur spanischen Eroberung im 15. Jh. auf der Kulturstufe der Steinzeit lebten. Neben zahlreichen Funden von

Santa Cruz de Tenerife

© MERIAN-Kartographie

Keramik und Gerätschaften aus Stein, Knochen und Muschelschalen beeindrucken die altkanarischen Mumien, die an ägyptische Vorbilder erinnern. Eine auf Teneriffa gefundene Münze zeugt von einer Expedition, die König Juba II. von Mauretanien bereits um Christi Geburt zu den Kanarischen Inseln unternahm.

C. Fuente Morales • www.museos detenerife.org • Di–So 9–19 Uhr • Eintritt 3 €, Kinder 1,50 €

MERIAN-Tipp 1

PARQUE MARÍTIMO CÉSAR MANRIQUE 👫

▶ S. 35, südwestl. b 6

Lanzarotes großer Künstler schuf auch auf Teneriffa Werke, die seine unverwechselbare Handschrift tragen, so den »Meerespark« bei der alten Hafenfestung Castillo de San Juan Bautista, eine fantasievolle Mischung aus Schwimmbad und Palmengarten. Geschwungene Linien und winzige Inseln charakterisieren die Pools, deren türkisgrünes Meerwasser sich vor dem himmelblauen Horizont abzeichnet. Auch ein Zugang zum Meer mit Sandstrand ist vorhanden, auf dem im Sommer Beachvolleyball gespielt wird. Großzügige Liegeflächen, Whirlpools und viele weitere Einrichtungen machen den Aufenthalt in der subtropischen Badeanlage zu einem außergewöhnlichen Vergnügen.

Santa Cruz de Tenerife, Av. de la Constitución 5 • tgl. 10–18 Uhr • Eintritt 3 €, Kinder 1,50 €

Museo Municipal de Bellas Artes

▶ S. 35, c 3

Im Museum der schönen Künste interessieren insbesondere die Gemälde und Skulpturen kanarischer Künstler, allen voran des Jugendstilmalers Néstor de la Torre (1887–1938) von Gran Canaria. Francisco Bonnín Guerín (1874–1963) erhielt für seine Aquarelle entscheidende Impulse durch deutsche und britische Künstler, die sich in seinem Heimatort Puerto de la Cruz (Teneriffa) aufhielten. Auch der bekannte Surrealist Óscar Domínguez (1906–1958) stammte von Teneriffa. Besonders ins Auge fällt das riesig dimensionierte Bild »Primera Misa en Añaza« (Erste Messe in Añaza) von Gumersindo Robayna (1829–1898). Es thematisiert die Gründung von Santa Cruz. Kunstliebhaber finden hier auch Wechselausstellungen.

C. José Murphy 12 • www.sctfe.es • Di–So 10–15 Uhr • Eintritt frei

STRAND
Playa de Las Teresitas 👫

▶ S. 35, c 5

Der Hausstrand von Santa Cruz liegt außerhalb der Stadt beim Fischerdorf San Andrés, wo sich einige beliebte Fischrestaurants an der Promenade reihen. Schon 1973 wurde die zuvor recht kiesige Playa auf 1,5 km Länge mit hellem Sand aus der Sahara aufgewertet und durch riesige Wellenbrecher vor der Brandung geschützt. Palmen spenden Schatten. In den kommenden Jahren soll die Infrastruktur nach Plänen des Architekten Dominique Perrault dem Zeitgeist entsprechend neu gestaltet werden.

7 km nördl. von Santa Cruz de Tenerife • Bus: Linie 910, alle 10–15 Min.

Die naturgeschichtliche Abteilung des Museo de la Naturaleza y el Hombre (▶ S. 34) vermittelt einen guten Überblick über Geologie, Klima, Flora und Fauna des Archipels.

SPAZIERGANG

Stadtplan ▶ S. 35

Ein Spaziergang durch Santa Cruz beginnt an der kreisrunden, zum Meer hin offenen **Plaza de España**, dem größten Platz der Kanarischen Inseln. Die weitläufige Anlage wurde in den Jahren 2006/2007 nach Entwürfen des internationalen Architekturbüros Herzog & de Meuron neu gestaltet, um einen würdigen Zugang vom Hafen zur Stadt zu schaffen, und prunkt mit Elementen wie »el lago« (Teich mit Brunnen) oder »el parque« (Garten auf Vulkangestein), die den Blick auf sich ziehen. Landeinwärts schließt die **Plaza de Candelaria** an, wo sich der monumentale **Palacio Insular** aus den 1930er-Jahren erhebt, Sitz der Inselregierung. Sofern Sie nicht schon hier in einem der Straßencafés eine Pause einlegen möchten, laufen Sie nun durch die Fußgängerzone

Calle del Castillo, die bedeutendste Einkaufsstraße der Stadt. Hier findet sich neben den Stores bekannter spanischer Modedesigner noch so manches alteingesessene Geschäft. Ein Abstecher nach rechts durch die Calle Valentín Sanz führt zur **Plaza del Príncipe de Asturias**, einem ehemaligen Klostergarten, dem Baumriesen Schatten spenden. Im zentralen Pavillon spielen hin und wieder Orchester auf. Folgen Sie nun der Calle del Pilar, einer Geschäftsstraße der feineren Art, zum **Parque Municipal García Sanabría**. Der 6 ha große, gepflegte Stadtpark besticht durch Wasserspiele, Laubengänge, eine Skulpturensammlung und eine Vielfalt exotischer Zierpflanzen. Verlassen Sie den Park nach Nordwesten, wo Sie auf die Rambla gelangen, einen großzügigen Boulevard. Auf seinem alleeartigen Mittelstreifen finden sich die Stadtbewohner am frühen Abend zum »paseo« ein. Sie schlendern auf und ab, lassen sich hier und da auf einer Bank nieder oder gönnen sich an einem der nostalgischen Kioske ein Eis und werfen vielleicht auch einen Blick auf die Bronzefigur »Goslar Warrior«, einen gefallenen Krieger, geschaffen von Henry Moore.

Folgen Sie der Rambla nach links und biegen Sie dann links in die Avenida del 25 de Julio ein, um die lauschige **Plaza de los Patos** zu erreichen. Bunte sevillanische Fliesen zieren sowohl den Brunnen in der Mitte als auch die Sitzbänke ringsum, auf denen noch die nostalgische Keramikwerbung der Firmen zu sehen ist, die den Platz finanzierten. Jetzt lohnt zunächst der Blick in die eine oder andere Seitenstraße, auf die dortigen Jugendstilvillen. Gehen Sie anschließend entlang der Avenida weiter Richtung Süden bis zur **Plaza Weyler**, wo der zentrale Springbrunnen die Hauptattraktion ist. Die 5,80 m hohe, mit Kinderfiguren verzierte Marmorkonstruktion ließ der damalige Bürgermeister von Santa Cruz Ende des 19. Jh. in Genua anfertigen. An der Plaza Weyler treffen Sie auf das Ende der Calle del Castillo, der Sie jetzt Richtung Meer zurück zur Plaza de España folgen.
Dauer: 2 Std.

ESSEN UND TRINKEN

La Hierbita ► S. 35, c 4

Gediegenes Ambiente · Ein Stadthaus aus dem 19. Jh. bildet den ansprechenden Rahmen, um inseltypische Menüs aus einheimischen Produkten zu genießen.
C. El Clavel 19 • Tel. 9 22 24 46 17 • www.lahierbita.com • Mo–Sa 12–16 und 20–24 Uhr • €€€

La Taberna de Ramón ► S. 35, westl. a 1

Ein Klassiker · Im hübsch dekorierten Speiseraum kommen frisch geschnittener Serrano-Schinken oder Meeresfrüchte auf den Tisch, danach »solomillo« (Lende), Lammkoteletts, Variationen vom Thunfisch …
Rambla General Franco 56 • Tel. 9 22 24 13 67 • Mo–Sa 11–16 und 19–24 Uhr • €€€

Bodegón El Puntero ► S. 35, a 3

Althergebracht kanarisch · Hier wird tagesfrischer Fisch noch auf der »plancha« (Eisenplatte) gebacken und mit der typischen »mojo«-Soße serviert.
C. Jesús Nazareno 33 • Tel. 9 22 28 72 26 • Mo–Sa 12.30–17 und 20.30–24 Uhr • €€

Cafetería Manhattan ► S. 35, westl. c 2

Eine Institution · Gilt in Santa Cruz als feste Größe und idealer Treffpunkt. Den besten Überblick bietet die Terrasse. Günstige Tagesgerichte.
Av. Francisco La Roche 7 • Tel. 9 22 27 46 58 • tgl. 9–1 Uhr • €

Tasca La Luna ► S. 35, c 3

Kleine Gerichte · Mitten in einer der schönsten Einkaufsstraßen der Stadt werden kreative Tapas gezaubert. Großartige Terrasse.
C. La Luna 12 • Tel. 9 22 29 38 68 • Di–Sa 12.30–16.30 und 20–24, So 12.30–16.30 Uhr • €

EINKAUFEN

Mercado de Nuestra Señora de África ► S. 35, a 5

Die lebhafte, stets von Trubel erfüllte Markthalle von Santa Cruz wurde architektonisch einem spanischen Gutshof nachempfunden. Zur Erbauungszeit in den 1940er-Jahren lag sie noch außerhalb der Stadt. Ein breites Tor gewährt Einlass, dahinter warten Blumenstände auf Kunden. Auf zwei Ebenen preisen die Händler rund um mehrere Patios Geflügel, Fisch und Wurstwaren, Obst und Gemüse an. Exotische Gewürze, etwa Safran oder scharfe Pfefferschoten, eignen sich ebenso als Mitbringsel wie pikant eingelegtes Gemüse, Oliven und Kapern.

Av. de San Sebastián • www.mercado-municipal.com • tgl. 6–15 Uhr

SERVICE
AUSKUNFT
OIT Santa Cruz de Tenerife
▶ S. 35, c 4

Pl. de España • Tel. 9 22 28 93 94 • www.todotenerife.es • Okt.–Juni Mo–Fr 9–18, Sa 9–13, Juli–Sept. Mo–Fr 9–17, Sa 9–13 Uhr

Ausflüge
◎ **Garachico und Icod de los Vinos**   ▶ S. 140, B 2

Im beschaulichen Garachico lohnt ein Spaziergang am Meer und zur kleinen Festung **Castillo de San Miguel** (17. Jh.), die einst den Hafen vor Piraten schützte. Vorbei an der **Puerta de la Tierra**, dem alten, 1706 von einem Lavastrom praktisch verschütteten Hafentor, gelangt man zur schattigen **Plaza de Arriba**, wo ein Pavillon zur Kaffeepause einlädt. Weiter oben im Winzerort Icod de los Vinos sollte man einen Blick in die prunkvoll ausgestattete **Iglesia San Marcos** (16. Jh.) nicht versäumen. Hübsche barocke Herrenhäuser säumen die nostalgische **Plaza de la Constitución**. Dort offerieren kleine Läden den örtlichen Wein zur Probe und zum Kauf.

Ca. 60 km westl. von Santa Cruz de Tenerife

Deftiges frisch vom Markt: Die Stände auf dem Mercado de Nuestra Señora de África (▶ S. 38) bieten kulinarische Köstlichkeiten für ein Picknick oder als Mitbringsel.

In der Casa de los Balcones (▶ S. 41) in La Orotava kann man Arbeiterinnen bei der Fertigung traditioneller Hohlsaumstickereien über die Schulter schauen.

SEHENSWERTES
Cueva del Viento

Mit gut 17 km ist die Cueva del Viento (»Windhöhle«) oberhalb von Icod eine der längsten Vulkanröhren der Welt. Sie entstand vor 27 000 Jahren bei einer Eruption an der Flanke des Teide. Unter dem oberflächlich schon erstarrten Lavastrom floss glühende Gesteinsschmelze weiter und hinterließ den Hohlraum. Das Höhlensystem besteht aus Galerien und Nebengängen, die sich auf drei »Etagen« befinden. Im Rahmen einer zweistündigen Führung sind die bizarren Lavastrukturen im Inneren auch für die Öffentlichkeit zu besichtigen. Ein Besucherzentrum gibt Auskunft über Fossilfunde und Insektenfauna in der Höhle.
www.cuevadelviento.net • Besucherzentrum Di–Sa 9–16 Uhr, Höhlenführungen Di–Sa 10, 11, 13 und 14 Uhr • Eintritt 15 €, Kinder 5 €

Drago Milenario

Der »tausendjährige« Drachenbaum von Icod de los Vinos dürfte in Wirklichkeit nur etwa 400 Jahre alt sein. Dennoch beeindruckt er durch seine Dimensionen. Drachenbäume galten den Ureinwohnern als heilig. Sie mumifizierten ihre Toten mit dem Harz dieser Pflanzen, das später den Europäern einen wertvollen Naturfarbstoff lieferte. Um den Baumriesen erstreckt sich der **Parque del Drago**, ein botanischer Garten für die kanarische Wildflora.
Pl. de la Constitución 1 • www.parquedeldrago.es • tgl. 9.30–18.30 Uhr • Eintritt 4 €, Kinder 2 €

◎ La Laguna   ▶ S. 141, E 1
152 000 Einwohner
Die UNESCO erklärte die Bischofs- und Universitätsstadt zum Welterbe. Bis 1723 befand sich in La Laguna der Regierungssitz von Teneriffa.

Seither scheint die Zeit stehen geblieben zu sein. Barocke Adelspaläste
säumen die Straßen, allen voran die
Casa de los Capitanes Generales,
in der früher die Inselgouverneure
residierten und deren Innenhof
öffentlich zugänglich ist. Zur lebhaften Atmosphäre der Universitätsstadt tragen vor allem die vielen
Studenten bei, die Plätze und Parks,
Bars und Tavernen bevölkern.
9 km nordwestl. von Santa Cruz
de Tenerife

SEHENSWERTES
Santuario de San Francisco

Der Eroberer Alonso Fernández de
Lugo gründete das Franziskanerkloster im 16. Jh. Aus dieser Zeit
stammt der Cristo de La Laguna,
eine Christusfigur im Stil der Gotik
aus einer sevillanischen Werkstatt.
Sie wird in der ansonsten schlicht
gehaltenen Klosterkirche in einem
Barockretabel (18. Jh.) aus getrie-
benem Silber verehrt, das kanarische
Auswanderer stifteten, die auf Kuba
mit dem Anbau von Zuckerrohr zu
Geld gekommen waren.
Pl. de San Francisco del Cristo • Mo,
Mi–Fr 7–13 und 16–21, Di 10.30–13
und 16–21, Sa, So 7–21 Uhr

ESSEN UND TRINKEN
Tasca La Carpintería

Kanarisch kreativ • Emilio Otero
Silvosa, ein Pionier der Gourmet-
küche auf Teneriffa, verwöhnt seine
Gäste in einem wunderschönen
Speisesaal. Wer nur eine Kleinigkeit
essen möchte, probiert am Tresen
erlesenen Schinken und Käse zu
einem Glas Teneriffa-Wein.
C. Nuñez de la Peña 14 • Tel. 9 22 26
30 56 • tgl. 13–16 und 20–24 Uhr •
€€€

◎ La Orotava   ▶ S. 141, D 2
41 500 Einwohner

Die vornehme Stadt ist wirtschaft-
liches Zentrum des gleichnamigen, fruchtbaren Tals und gilt als
Ortschaft des Kunsthandwerks. Im
denkmalgeschützten historischen
Kern lohnt hinter dem Rathaus ein
Blick in die **Hijuela del Botánico**,
einen exotischen kleinen Garten. Un-
gleich repräsentativer wurden nebenan die Jardines del Marquesado de
la Quinta Roja angelegt, ein Terras-
senpark mit Marmormausoleum
für den Grafen Quinta Roja-Ponte
von 1882. Unterhalb des Rathauses
erhebt sich die **Iglesia Nuestra
Señora de la Concepción**, Ende des
18. Jh. im Rokokostil auf den Trüm-
mern einer durch ein Erdbeben zer-
störten Vorgängerkirche erbaut. Sie
birgt wertvolle Heiligenfiguren des
einheimischen Bildhauers Fernando Estévez (1788–1854). Schnittstelle zwischen alter und neuer Stadt
ist die geräumige **Plaza de la Constitución** mit einem typischen Kiosco
unter hohen Bäumen, der den Pas-
santen Kaffee und kühle Getränke
offeriert.
39 km westl. von Santa Cruz de
Tenerife

EINKAUFEN
La Casa de los Balcones

Das »Balkonhaus«, ein Adelspalast
aus dem 17. Jh., besitzt die schönsten, aus dem festen Holz der Kanarischen Kiefer geschnitzten Balkone
weit und breit und einen üppig bepflanzten Innenhof. Gemeinsam mit
zwei noblen Nachbarhäusern bildet
die Casa einen Verkaufskomplex für
kanarisches Kunsthandwerk, u. a. für
handgefertigte Stickereien, sowie für
gastronomische Spezialitäten. Einige

Museumsräume sind eingerichtet wie anno dazumal.

C. San Francisco 3 • www.casa-balcones.com • Mo–Sa 8.30–19.30, So 8.30–13.30 Uhr

◎ Las Cañadas ⭐ ▸ S. 140, C 3

In über 2000 m Höhe erstreckt sich zu Füßen des Pico del Teide der Riesenkrater Las Cañadas, eine menschenleere, mondähnliche Lavalandschaft. Am östlichen Kraterzugang informiert das Besucherzentrum **El Portillo** über die Besonderheiten des Gebiets, das als Nationalpark unter Schutz steht. Besonders eindrucksvoll präsentieren sich **Los Roques de García**, eine gezackte Felslandschaft mit dem **Zapato de la Reina,** einer Gesteinsformation, die den Namensgeber an den Stöckelschuh einer Königin erinnerte. Für das leibliche Wohl sorgen einige Restaurants bei El Portillo und die Cafeteria des Parador de las Cañadas del Teide, eines einsam gelegenen Berghotels mitten im Krater.

Ca. 100 km südwestl. von Santa Cruz de Tenerife

◎ Puerto de la Cruz ▸ S. 140, C 2

32 500 Einwohner

Der Hafen- und Fischerort an der Nordküste zog schon im 19. Jh. die ersten Reisenden, vor allem Briten, an. Heute bevorzugen die meisten Badetouristen zwar die Ferienstädte in Teneriffas Süden, Puerto de la Cruz hat aber eine Fangemeinde, die das angenehme Ambiente zu schätzen weiß. Den fehlenden Strand ersetzte in den 1970er-Jahren die **Costa de Martiánez**, ein Meisterwerk des spanischen Künstlers César Manrique, der hier eine einzigartige Felsgartenlandschaft mit riesigem, künstlichem See und diversen Meerwasserpools schuf. Inzwischen verfügt Puerto de la Cruz zudem über zwei künstlich aufgeschüttete Sandstrände. An der Küstenpromenade füllen sich am Nachmittag die Cafés, und in den angrenzenden Straßen laden niveauvolle Geschäfte zum Shopping ein.

41 km westl. von Santa Cruz de Tenerife

SEHENSWERTES

Jardín Botánico

Teneriffas legendärer Botanischer Garten wurde ab 1788 angelegt. König Carlos III. wollte hier Zierpflanzen aus den Tropen für eine spätere Überführung in seine Gärten in Madrid akklimatisieren. Dort wollten die exotischen Gewächse dennoch nicht recht gedeihen. Das milde Klima der Kanaren bekam ihnen hingegen gut. So findet man im dschungelähnlichen Jardín Botánico heute rund 5000 Pflanzenarten aus fünf Kontinenten, von mittlerweile oft stattlichem Wuchs.

C. Retama 2 • www.icia.es • April–Sept. tgl. 9–19, Okt.–März tgl. 9–18 Uhr • Eintritt 3 €

Loro Parque 👥

Der Zoo ist besonders stolz auf seine Tiger und Gorillas, die in artgerechten Landschaftsgehegen leben. Auch das Aquarium mit Haitunnel, die Shows mit Delfinen, Seelöwen und Orcas sowie das größte Pinguinarium der Welt sind auch für Kinder spannende Attraktionen. Wie im Flug vergehen die Stunden in der vielseitigen Anlage.

Punta Brava • www.loroparque.com • tgl. 8.30–18.45 Uhr, letzter Einlass um 16 Uhr • Eintritt 33 €, Kinder 22 €

Begegnung mit den Elementen: Eindrucksvoll ist eine Wanderung durch den Riesen-krater Las Cañadas (▶ S. 42) am Fuße des Pico del Teide.

ESSEN UND TRINKEN

Régulo

Wunderbare Atmosphäre • Nicht weit von der Plaza del Charco, dem zentralen Altstadtplatz, bietet dieses gediegene Lokal beste kana-rische Küche, die auch sehr viele Fischgerichte auf der Karte hat. Eine ausgezeichnete Weinauswahl ergänzt das kulinarische Erlebnis. C. Pérez Zamora 16 • Tel. 9 22 38 45 06 • www.restauranteregulo.com • Mo 18.30–23, Di–Sa 12.30–15.30 und 18.30–23 Uhr • €€€

El Maná 🌱

Kreativ ökologisch • Eines der auf den Kanaren noch dünn gesäten Restaurants, die ausschließlich Bio-Produkte von erstklassiger Qualität verwenden und daraus schmackhaf-te, fantasievolle Gerichte zaubern. Es wird vorwiegend, aber nicht nur vegetarisch gekocht. Das kleine Lo-kal ist überdies ansprechend gestal-tet und sehr gemütlich C. Mezquínez 21 • Tel. 9 22 37 24 74 • Di–Sa 13–16 und 19–23, So 13– 16 Uhr • €€

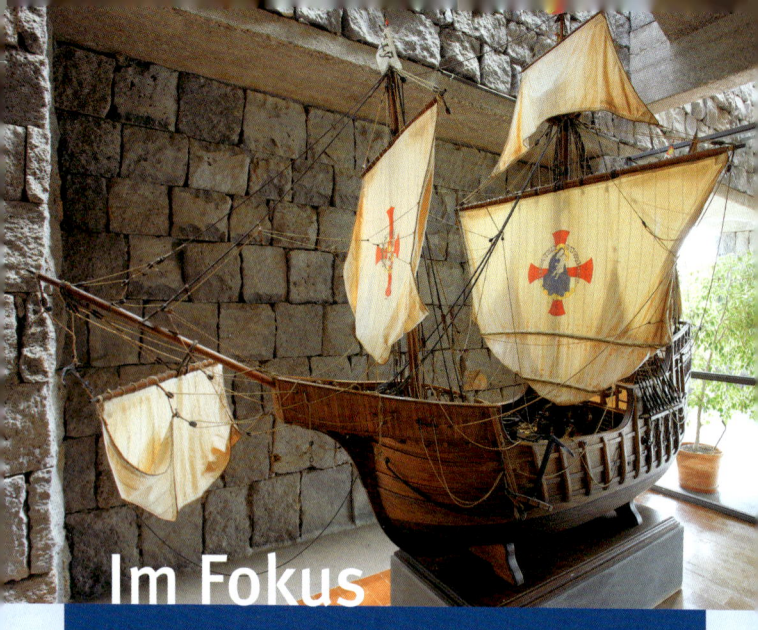

Im Fokus

Spuren der Entdeckungsfahrer

Der Archipel war Anlaufstelle antiker Seefahrer und Sprung-brett der spanischen Eroberer auf dem Weg nach Amerika.

Passatwinde trieben die mittelalter-lichen Segler zu den Kanarischen In-seln. Doch bevor es so weit war, harrte ein technisches Problem der Lösung. Mit den üblichen Mittelmeerschiffen war es damals unmöglich, gegen die stetig parallel zum afrikanischen Kon-tinent aus Nordost wehende, starke Atlantikbrise aufzukreuzen. So wäre man zwar mit Leichtigkeit zu den Ka-naren gelangt, nicht aber wieder zu-rück. Erst die Entwicklung der ozean-tauglichen Karavelle ermöglichte den Entdeckungsfahrern die Heimkehr.

Faszination Naturfarben

Vor ihnen hatten allerdings schon Phönizier, Karthager und Römer mit geruderten Galeeren den Archipel be-sucht. Purpurarien nannten sie die Kanareninseln Lanzarote und Fuerte-ventura. Die antiken Seefahrer nah-men die gefährliche Reise auf sich, um Lackmusflechten von den Brandungs-klippen der Inseln zu sammeln. Zer-rieben und mit Urin vergoren, liefer-ten sie den begehrten Naturfarbstoff Orseille, der es mit dem Violett der Purpurschnecke aufnehmen konnte. Ab dem 14. Jh. kreuzten Handels-schiffe aus Barcelona und Genua in den Gewässern des Archipels, um das »Drachenblut« zu gewinnen, das Harz des Drachenbaums, das einen kost-baren roten Farbstoff für die Gewän-der von Königen und Bischöfen ergab.

◄ Modell der Santa Maria, Kolumbus' Flaggschiff auf seiner ersten Expedition.

Diese Expeditionen kulminierten in der Eroberung der Kanaren, wobei das Hauptinteresse zunächst den Purpurarien galt. Jean de Béthencourt, Feudalherr eines Färberorts in der Normandie, besetzte sie zwischen 1402 und 1405. An ihn erinnert noch der Name von Fuerteventuras alter Hauptstadt, Betancuria. Er hatte sich der Unterstützung des Königs von Kastilien versichert. So kamen die Inseln, die jetzt nach und nach allesamt erobert wurden, schon bald zu Spanien. Von Teneriffa, wo noch heute neben fast jedem Bauernhaus ein Drachenbaum steht, wurde das Drachenblut bis Ende des 19. Jh. ausgeführt. Erst die Entwicklung künstlicher Farbstoffe setzte dieser Einnahmequelle ein Ende. Auf Lanzarote ist die Zucht der ursprünglich aus Mexiko stammenden Koschenillelaus geblieben, aus der das gleichnamige Rot für Bio-Lebensmittel und Naturkosmetika gewonnen wird. Und auf La Palma färben die letzten Seidenweberinnen Europas ihre Erzeugnisse wie einst mit eigenhändig extrahierten Naturfarben.

Spinne im Netz

Schon kurz nach der Conquista entwickelten sich die Kanaren zur Drehscheibe im Atlantik. Zunächst einmal nutzte Christoph Kolumbus die Inseln als Sprungbrett auf dem Weg nach Amerika. Auf Gran Canaria ließ er sein Beiboot »Pinta« reparieren, auf La Gomera soll ihn eine Liebschaft mit der Inselherrin verbunden haben. Hier wie dort werden heute Häuser, in denen er gewohnt, und Kirchen, in denen er gebetet haben soll, gezeigt. Schon bald monopolisierte die spanische Krone den Amerikahandel. Regelmäßig startete eine königliche Flotte in Sevilla, die dann allerdings die Kanaren anlief, um dort Lebensmittel und Sklaven an Bord zu nehmen. Santa Cruz, die Hauptstadt von La Palma, avancierte dadurch zu einer der wichtigsten Handelsmetropolen des spanischen Weltreichs, Paläste reicher Kaufleute erinnern an diese glorreichen Zeiten. Santa Cruz de Tenerife lief ihr später den Rang ab, und in noch jüngerer Zeit entwickelte sich Las Palmas de Gran Canaria zur bedeutendsten Hafenstadt des Archipels.

Ankunft ohne Schiff

Ein Rätsel bleibt ungelöst. Niemand weiß, wie die steinzeitliche Bevölkerung die Kanaren erreichte. Boote hatten sie jedenfalls zur Zeit der Conquista keine, jede Insel war eine isolierte Welt für sich. Eine Theorie besagt, die Römer hätten Berber aus Nordafrika auf den Archipel verschifft, um die Lackmusflechte zu ernten. Thor Heyerdahl (1914–2002) war anderer Meinung. Mit seinen Papyrusbooten »Ra« und »Ra II« wies er nach, dass man mit der Meeresströmung auf einem kaum seetauglichen Wasserfahrzeug nach altägyptischem Vorbild automatisch – und vielleicht zufällig – von Marokko auf die Kanaren gelangen konnte. Eine Replik der »Ra II« ist im von Heyerdahl gegründeten Pyramidenpark von Güímar (Teneriffa) zu bewundern.

INFORMATIONEN
Parque Etnográfico Pirámides de Güímar

Güímar, C. Chacona • www.piramides deguimar.es • tgl. 9.30–18 Uhr • Eintritt 10,50 €, Kinder 5,25 € 27 km südwestl. von Santa Cruz de Tenerife

Gran Canaria

Der besondere Reiz der Insel liegt in ihrer landschaftlichen Vielfalt, und gern wird das Eiland als »Miniaturkontinent« bezeichnet. Fast schon zum Klischee geworden, ist der Vergleich dennoch stimmig.

◂ Plaza Hurtado de Mendoza: einer der schönsten Plätze in Triana (▸ S. 47), dem Bürgerviertel von Las Palmas.

Auf Gran Canaria lassen sich die unterschiedlichsten Landschaften, Klimazonen und Lebensweisen entdecken. Während schroffe Felsküsten und urwüchsige Fischerdörfer den Nordwesten charakterisieren, erstrecken sich im Südosten hellsandige Strände, die Anlass zum Bau gigantischer Urlaubssiedlungen gaben. Mit dem Trubel an der Südküste der Insel kontrastieren im Inseinneren wildromantische Canyons, bizarre Felsformationen und geschichtsträchtige Orte.

Las Palmas de Gran Canaria   ▸ S. 143, E 1

383 000 Einwohner

Stadtplan ▸ S. 49

Obwohl die Regierungsbehörden teilweise auch in Santa Cruz de Tenerife angesiedelt sind, ist Las Palmas doch die heimliche Hauptstadt der Kanaren. Ihr Hafen gilt als größter ganz Spaniens. Er fungiert als Containerumschlagplatz für Nord- und Westafrika. Schiffe auf Transatlantikrouten versorgen sich hier mit günstigem Treibstoff, denn die Inseln sind Freihandelszone. Las Palmas bietet hervorragende Einkaufsmöglichkeiten, interessante Museen, eine lebendige Kunst- und Kulturszene und avantgardistische Architektur. Die museale Altstadt **Vegueta** ist Welterbe der UNESCO, das Bürgerviertel **Triana** punktet mit schicken Plätzen und Einkaufsstraßen. Am buntesten zeigt sich die Hafen- und Strandzone **Santa Catalina**, mit Hotels, Kneipen, Souvenirläden und dem weitläufigen Parque de Santa Catalina, wo die Stadtbewohner flanieren und Fischer sich die Zeit an Land mit Domino vertreiben. Der spektakuläre Büroturm **Torre Woermann** von 2009 beherrscht die Skyline von Santa Catalina.

HAFEN

Kreuzfahrtschiffe legen bevorzugt am Muelle Santa Catalina an, unmittelbar vor dem gleichnamigen Stadtviertel. Die Halbinsel La Isleta schirmt diesen Hafenteil perfekt gegen Nordwinde ab. Wer Triana oder Vegueta besichtigen möchte, 3 bzw. 4 km entfernt, setzt sich in einen der gelben Stadtbusse (Linie 1 bis zur Endstation Teatro Pérez Galdós, Einzelfahrt 0,90 €). Ist viel Betrieb im Hafen, werden weitere 1 bis 2 km entfernte Molen als Passagierkais genutzt.

www.palmasport.es

SEHENSWERTES

Casa de Colón   ▸ S. 49, b 4

Christoph Kolumbus soll in diesem Haus gewohnt haben, als er sich 1492 in Las Palmas aufhielt. Daran erinnert nur noch der gotische Brunnen (15. Jh.) in einem der beiden Patios. Der heutige Bau erhielt erst in den 1950er-Jahren sein Gesicht, als die Fassade um das reich verzierte Steinportal des ehemaligen Gouverneurspalastes ergänzt wurde. Aufwändig aus Holz geschnitzt sind die Balkone, die Innenhofgalerien und die Decken der 15 Säle, in denen eine interessante Ausstellung zur Stadtgeschichte, zu den Fahrten des Kolumbus und zum präkolumbianischen Amerika gezeigt wird.

C. Colón 1 • www.casadecolon.com • Mo−Fr 9−19, Sa 9−18, So und feiertags 9−15 Uhr • Eintritt frei

WUSSTEN SIE, DASS …

… Kolumbus ein besonderes Faible für die »Pinta« hatte, das schnellste Schiff seiner Flotte? Doch ihr Ruder brach schon nach drei Tagen auf See, die Reparatur in Las Palmas verzögerte die Weiterreise um einen Monat.

Catedral de Santa Ana ▸ S. 49, b 4

Mitten in der Vegueta erhebt sich die Kathedrale. Erst gegen Ende des 19. Jh. entstand die imposante neoklassizistische Fassade. Das gotische Netzgewölbe des Originalbaus (15./16. Jh.) überspannt noch den Innenraum, den ein wunderbares Licht erfüllt. In den Seitenkapellen wurden Bischöfe und historische Persönlichkeiten bestattet. Der einheimische Barockkünstler Luján Pérez malte die 16 Heiligenfiguren in der Kuppel. Vom Südturm bietet sich ein wunderbarer Blick über Stadt und Hafen.

Pl. de Santa Ana 13 • www.diocesis decanarias.es • Turmaufzug Mo–Fr 10–16.30, Sa 10–13.30 Uhr • Eintritt 1,50 €

Parque Doramas & Pueblo Canario ▸ S. 49, nördl. c 1

Mitten im Parque Doramas, dem ehemaligen Garten des Nobelhotels Santa Catalina, wurde unter Federführung von Néstor de la Torre (1887–1938) in den 1930er-Jahren das idealisierte Abbild eines kanarischen Dorfes errichtet. Der Jugendstilkünstler engagierte sich für den Erhalt der Inselkultur und ihre touristische Einbindung. So »erfand« er Trachten, prächtiger und farbenfroher als die traditionellen Vorbilder.

Sie sind im Museo Néstor zu sehen, außerdem Gemälde und architektonische Entwürfe des Künstlers. In weiteren Gebäuden sind Souvenirläden und ein Café untergebracht. Jeden Sonntag um 11 Uhr musiziert und tanzt eine Folkloregruppe im Innenhof des Pueblo Canario.

Museo Néstor: www.museonestor. com • Di–Sa 10–20, So und feiertags 10.30–14.30 Uhr • Eintritt 2 €, Kinder frei

MUSEEN

Centro Atlántico de Arte Moderno (CAAM) ▸ S. 49, b/c 4

In einem ehemals herrschaftlichen Altstadthaus untergebracht und innen hochmodern gestylt, dokumentiert das Zentrum die Stellung der aktuellen kanarischen Kunst zwischen drei Kontinenten: Europa, Afrika und Amerika. Neben einer ständigen Ausstellung sind Wechselausstellungen zu sehen.

C. Los Balcones 11 • www.caam.net • Di–Sa 10–21, So 10–14 Uhr • Eintritt frei

Museo Canario ▸ S. 49, b 4

Das Museum befasst sich mit der vorspanischen Kultur der Kanaren, fußend auf einer Privatsammlung, die ein einheimischer Arzt um das Jahr 1900 zusammentrug. Spektakulärste Exponate sind Mumien mit Grabbeigaben, altkanarische Schädel mit Operationsspuren, Fruchtbarkeitsstatuetten (Idole) und eine Nachbildung der Cueva Pintada, eines vorspanischen Höhlenkomplexes bei Gáldar mit Höhlenmalereien.

C. Dr. Verneau 2 • www.elmuseo canario.com • Mo–Fr 10–20, Sa, So und feiertags 10–14 Uhr • Eintritt 4 €, Kinder frei

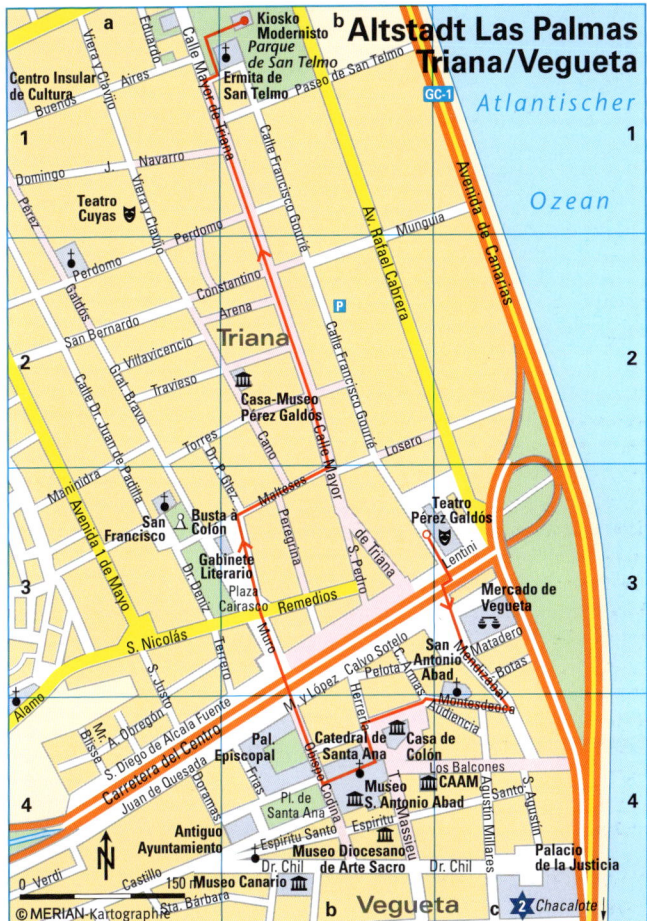

Museo Diocesano de Arte Sacro   ▶ S. 49, b 4

Nur durch das Diözesanmuseum ist der »Orangenhof« der Kathedrale zugänglich, der andalusischen Vorbildern nachempfundene **Patio de los Naranjos** (17. Jh.). Das Museum zeigt Beispiele kanarischer Kirchenkunst, allen voran im Kapitelsaal einen Christus am Kreuz von Luján Pérez. Das wertvolle Bodenmosaik des Saals entstand 1785 in einer Keramikmanufaktur bei Valencia.
C. Espiritu Santo 20 • www.diocesis decanarias.es • Mo–Fr 10–16.30, Sa 10–13.30 Uhr • Eintritt 3 €

Museo Elder ¶¶   ▶ S. 49, nördl. b 1

Eine ehemalige Lagerhalle beherbergt das supermoderne Technologiemuseum. Wissen wird hier spannend und interaktiv vermittelt.

Besucher können in einer »Zeitmaschine« oder einem Flugzeugcockpit Platz nehmen und auf einem Megabildschirm das menschliche Innenleben betrachten. Zwei Roboter führen ihr Können vor, im Planetarium lernt man den Weltraum kennen.
Parque de Santa Catalina • www.museoelder.org • Di–So 10–20 Uhr • Eintritt 5 €, Kinder 3,50 €

STRAND
Playa de Las Canteras 👥

▸ S. 49, nördl. b 1

Der 3 km lange, hellsandige Stadtstrand war in den 1960er- und 1970er-Jahren bevorzugtes Ziel des internationalen Badetourismus. Seither haben ihm die sonnensicheren Strände des Inselsüdens den Rang abgelaufen. Heute suchen vor allem einheimische Familien die Playa de Las Canteras auf. Ein natürliches Felsriff hält die Brandung fern, man

fühlt sich wie in einem riesigen Schwimmteich. Vom Hafen (Muelle Santa Catalina) ist die Playa zu Fuß bequem in zehn Minuten zu erreichen. An den Strand grenzt eine gepflegte, autofreie Promenade, an der sich Gastronomiebetriebe aller Kategorien, Geschäfte mit Strandartikeln und Sommermode reihen. Am Westrand der Playa de Las Canteras steht mit dem **Auditorio Alfredo Kraus** das wohl spektakulärste Beispiel moderner Architektur in Las Palmas, ein Werk des katalanischen Architekten Óscar Tusquets. Wie eine Festung, von einem »Leuchtturm« gekrönt, thront die Konzerthalle auf einem Felsen am Meer.

SPAZIERGANG
Stadtplan ▸ S. 49

Ausgangspunkt des Spaziergangs ist die Bushaltestelle vor der herrlichen Jugendstilfassade des **Teatro Pérez**

Eine spannende Reise in die Vergangenheit bietet das Museo Canario (▸ S. 48), das sich mit der vorspanischen Kultur des kanarischen Archipels befasst.

Galdós. Gleich gegenüber, jenseits der Schnellstraße Carretera del Centro, lohnt ein Blick in den **Mercado de Vegueta**, die älteste Markthalle von Las Palmas (Mo–Do 6.30–14, Fr und Sa 6.30–15 Uhr). Der Markt geht auf das Jahr 1787 zurück. Zahlreiche Stände verkaufen Obst, Gemüse, Fleisch und Fisch. Wer mag, kann sich in einer der Bars einen Kaffee oder ein paar Tapas gönnen. Gehen Sie nun rechts neben der Markthalle durch die Calle Mendizábel in das Altstadtviertel **Vegueta** hinein und biegen Sie rechts in die Calle Montesdeoca ein. Sie passieren die **Ermita de San António Abad**, eine Kapelle aus dem 15. Jh., in der Kolumbus gebetet haben soll, und erreichen die **Casa de Colón**. Diese steht unmittelbar hinter der **Catedral de Santa Ana**. Gehen Sie um diese herum zur **Plaza de Santa Ana**. An dem von Palmen gesäumten, stillen Platz stehen Adelspaläste aus vergangenen Jahrhunderten sowie rechter Hand der Renaissance-Bischofspalast und die Casa del Regente, in der einst der Inselstatthalter residierte. Auffälligstes Gebäude ist das ehemalige Rathaus mit seiner neoklassizistischen Fassade (19. Jh.) gegenüber der Kathedrale. Zwei gusseiserne Hunde bewachen die Plaza, Symbol für ihre großen Artgenossen, von denen in antiken römischen Berichten die Rede ist. Angeblich verdanken die Kanaren ihnen den Namen (lat. canis = Hund), weshalb sie auch das Inselwappen zieren. Folgen Sie nun der Calle Obispo Codina nach Norden. Wiederum queren Sie die Schnellstraße, um in die **Triana** zu gelangen, den jüngeren Teil des historischen Stadtkerns. Geradeaus geht es durch die Calle Muro zur

mondänen **Plaza Cairasco**, wo es sich anbietet, auf der Caféterrasse des 1911 gegründeten **Hotel Madrid** eine Pause einzulegen. Hier nächtigten schon Stars und Sternchen des Showbusiness ebenso wie Diktator General Franco, bevor er von Marokko aus den Spanischen Bürgerkrieg einleitete. Verlassen Sie den Platz an seiner Nordseite, wo Sie hinter dem **Gabinete Literario**, dem kulturellen Treffpunkt des Bürgertums im 19. Jh., in die Calle Malteses gelangen. Auf dieser halten Sie sich rechts bis zur **Calle Mayor de Triana**, der vornehmsten Einkaufsstraße von Las Palmas. Hinter den Hausfassaden aus der Zeit der Wende vom 19. zum 20. Jh. verbergen sich feine Läden, wobei Markenstores ebenso vertreten sind wie familiengeführte Traditionsgeschäfte oder die Bazare der zahlreichen Inder, die sich in Las Palmas niedergelassen haben. Nachdem Sie die Fußgängerzone in ihrer gesamten Länge erkundet haben, gelangen Sie zum **Parque de San Telmo** mit der gleichnamigen Kapelle der Fischer, die früher in dieser Zone ihren Hafen hatten. Mittelpunkt des Parks ist der **Kiosko Modernista**, ein wunderschöner, orientalisch dekorierter Jugendstilpavillon, der als Café fungiert. Hier beenden Sie den Spaziergang und finden gleich nebenan, am Busbahnhof, eine Stadtbushaltestelle. Dauer: 2 Std.

ESSEN UND TRINKEN

Casa Montesdeoca   ▸ S. 49, c 4

Wunderschönes Altstadtlokal • Ein ehemaliges Handelshaus aus dem 16. Jh. beherbergt dieses hübsche Lokal mit lauschigem Innenhof. Die drei Speisesäle des Restaurants sind

MERIAN-Tipp **2**

CHACALOTE   ▶ S. 49, südl. c 4

In das urige Fischerdorf San Cristóbal fahren die Canarios gerne, um fern vom Trubel der Hauptstadt Ruhe und Ursprünglichkeit zu finden und vor allem den frischen Fang aus heimischen Gewässern zu genießen. Unbestrittener Klassiker unter den dortigen Restaurants ist das schon vor über 30 Jahren gegründete Chacalote, das sich auf Fisch im Salzteig, im Ofen gegart, spezialisiert hat. Stets wird zudem eine saisonale Auswahl an Meeresfrüchten angeboten, und auch die Reisgerichte sind nicht zu verachten. Zum Abschluss schmeckt eines der üppigen Desserts. Gediegener Rahmen und sehr gute Weinauswahl.
San Cristóbal, C. Proa 3 • Tel. 9 28 31 21 40 • www.restaurante chacalote.net • tgl. 12–17 und 20–24 Uhr • €€€

stilecht eingerichtet. Die Küche ist klassisch spanisch.
C. Montesdeoca 10 • Tel. 9 28 33 34 66 • www.casamontesdeoca.com • Mo–Sa 12.30–16 und 20–24 Uhr • €€€

Cava de Triana   ▶ S. 49, a 2

Moderne kanarische Küche • Von Spitzenkoch Kiko Casals geführt, der zwar nicht selbst am Herd steht, aber die Richtung vorgibt. Die Zutaten, aus denen die kreativen Gerichte zubereitet werden, kommen frisch vom Markt; hervorragende Weinauswahl, angenehmes Ambiente.

C. Travieso 35 • Tel. 9 28 38 13 02 • www.grupoanthuriun.com • Di–Sa 12.30–16 und 20–24, So 12.30–16 Uhr • €€€

Bambú   ▶ S. 49, nördl. b 1

Vegetarisch • Auch ohne Fleisch und Fisch schmeckt es in diesem kleinen, von außen eher unscheinbaren Lokal vorzüglich. Empfehlenswert sind etwa Gemüse-Lasagne oder Salat mit Wildreis.
Paseo de Las Canteras 63 • Tel. 9 28 22 25 74 • €

EINKAUFEN

Caprichos de Aloe 🌿
  ▶ S. 49, nördl. b 1

Die Angebotspalette der Drogerie umfasst handgefertigte Seifen, Duftkerzen, Lavendelsäckchen, Naturkosmetika und Produkte aus Aloe vera von Gran Canaria und Lanzarote. Alles ohne chemische Zusätze.
C. Tomás Miller 10 • www.caprichos dealoe.com • Mo–Fr 10–13.30 und 16.30–20.30, Sa 10–13.30 und 17–20 Uhr

El Corte Inglés   ▶ S. 49, nördl. b 1

Großes Kaufhaus der bekannten spanischen Kette. Eine Spitzenadresse für hochwertige Mode, Schuhe, Schmuck und Parfümerieartikel. Mit Feinkostabteilung.
Av. José Mesa y López • www.elcorte ingles.es • Mo–Sa 9.30–21.30 Uhr

Tienda de Artesanía Tradicional
  ▶ S. 49, a 1

Verkaufsstelle der Fedac, einer Stiftung zur Förderung des Kunsthandwerks. Alle Artikel wurden garantiert auf Gran Canaria gefertigt. Das Angebot besteht aus Korbwaren, Keramik und Stickereiwaren sowie den

»cuchillos«, typisch kanarischen Messern mit schönen Verzierungen.
C. Domingo J. Navarro 7 • www.fedac.org • Mo–Fr 9.30–13.30 und 16.30–20 Uhr

SERVICE
AUSKUNFT
Punto de Información Turística
▸ S. 49, nördl. c 1
Parque de Santa Catalina • Tel. 9 28 44 68 24 • www.laspalmasgc.es • Mo–Fr 9–13.30, 17–19 Uhr

Ausflüge
◎ Caldera de Bandama
▸ S. 143, E 2
Zwischen Weinbergen liegt der Bilderbuchkrater, dessen über 200 m tiefer Grund nur zu Fuß zu erreichen ist. Früher gab es unten mehrere Bauernhöfe, heute wird nur noch ein Garten bewirtschaftet. Die meisten Besucher begnügen sich mit der Fahrt zur Aussichtsplattform am Pico de Bandama (569 m), einem Gipfel auf dem Kraterrand mit herrlichem Blick über den 1 km breiten Kessel der Caldera hinweg über weite Teile des Inselnordens.
15 km südwestl. von Las Palmas de Gran Canaria

◎ Destilerías Arehucas
▸ S. 143, D 1
Um die Stadt Arucas dehnten sich früher Zuckerrohrfelder aus. Heute sind Bananen profitabler, daher verarbeitet die 1884 gegründete Rumfabrik inzwischen großenteils importiertes Zuckerrohr. Der Rum reift in ehrwürdigen Eichenfässern. Nach einer Führung durch Fabrik und Museum wird zur Probe geladen. Arehucas ist spanischer Hoflieferant und kanarischer Marktführer für Rum. Außer verschiedenen Qualitäten von weißem und braunem Rum

Blick in den Schlund der 200 m tiefen Caldera de Bandama (▸ S. 53): Der Krater ist ein imposantes Zeugnis der vulkanischen Aktivität auf der Insel.

sind im Shop rund 20 Likörsorten (Banane, Minze, Schokolade u.a.) aus eigener Produktion im Angebot.
Arucas, Era de San Pedro 2 • www.arehucas.es • Mo–Fr 9–14 Uhr • Eintritt frei
16 km westl. von Las Palmas de Gran Canaria

◎ Dunas de Maspalomas 🔶2
▸ S. 143, D 4

Goldgelbe Sicheldünen bedecken die Südspitze von Gran Canaria. Der 7 km lange Sandkasten steht unter Naturschutz und lädt zu Spaziergängen ein. Den Meeressaum bildet ein Naturstrand, der seinesgleichen sucht. Trotz der Nähe der Ferienstadt Playa del Inglés gibt es hier reichlich Platz, um ungestört baden zu können. In der westlich angrenzenden Palmenoase brüten Seevögel. Dort lebt auch die seltene, bis zu 80 cm lange Gran-Canaria-Rieseneidechse.
50 km südl. von Las Palmas de Gran Canaria

◎ Jardín Botánico Viera y Clavijo
▸ S. 143, E 2

Dieser renommierte Botanische Garten zeigt die Kanarenflora. In einer schroffen Schlucht oberhalb von Las Palmas wurden sämtliche Inselbiotope nachgestellt. Sukkulenten der trockenen Küstenzonen, etwa Wolfsmilchgewächse oder der Drachenbaum, sind ebenso vertreten wie die Lorbeerbäume der mittleren wolkenreichen Höhenstufen oder die Kanarische Kiefer, deren lange Nadeln Wasser aus dem Passatnebel »kämmen«.
Tafira Baja • www.jardincanario.org • tgl. 9–18 Uhr • Eintritt frei
5 km südwestl. von Las Palmas de Gran Canaria

◎ Las Cumbres
▸ S. 142/143, C/D 2

Gran Canarias Bergwelt beeindruckt durch bizarre Felsen. Bei der Auffahrt von Norden passiert man den **Parador Cruz de Tejeda**, ein Hotel der legendären spanischen Hotelkette in spektakulärer Lage am gleichnamigen Wegkreuz. Dort warten Souvenirläden und Lokale auf Kunden. Ein Abstecher führt nach **Artenara**, dem höchstgelegenen Inseldorf, wo manche Bewohner noch in traditionellen Höhlenhäusern leben. Am **Roque Bentaiga** (1404 m), einem mächtigen Basaltfelsen, brachten die Ureinwohner ihrer Gottheit Opfer dar. Wie ein Finger reckt sich der 67 m hohe Vulkanfelsen **Roque Nublo** (1803 m) in die Höhe, das Wahrzeichen Gran Canarias. Vom Parkplatz La Goleta aus kann man ihn erwandern (hin/zurück insges. 1,5 Std.). Zuletzt lohnt je nach Wetterlage der Abstecher auf Gran Canarias höchsten Gipfel, den **Pico de las Nieves** (1949 m). Im Winter kann er sich durchaus einmal schneebedeckt präsentieren. Von einem Aussichtspunkt blickt man weit über den zerfurchten Südwesten der Insel.
Ca. 45 km südwestl. von Las Palmas de Gran Canaria

◎ Puerto de Mogán ▸ S. 142, B 4

Im Stil alter Fischerkaten gehalten, gruppieren sich bunt bemalte, von Bougainvillea überrankte Apartmenthäuser um eine Marina. Kanäle, von schmalen Brücken überspannt, durchziehen die auch als »Klein-Venedig« bekannte Feriensiedlung, eine der schönsten der Kanarischen Inseln. An der Hafenpromenade laden zahlreiche Cafés und Restaurants zur Rast mit Blick

Die bis zu 10 m hohen Dünenkämme der Dunas de Maspalomas (▸ S. 54) im Insel-
süden gehen zum Atlantik hin in breite Traumstrände über, die flach ins Meer abfallen.

auf luxuriöse Segeljachten und traditionelle Fischerboote ein.

80 km südwestl. von Las Palmas
de Gran Canaria

◎ Teror ▸ S. 143, D 2

12 800 Einwohner

Traditionshäuser mit Holzbalko-
nen säumen die Straßen von Teror,
der wohl schönsten Stadt auf Gran
Canaria in einem üppigen grünen
Tal im Inselnorden. In der **Basílica
del Pino** wird die Inselheilige verehrt, die »Kiefernjungfrau«. Kurz
nach der Reconquista soll sie Gläubigen in einem Baum erschienen
sein, woraufhin eine erste Wallfahrtsstätte entstand. Die heutige
Kirche stammt aus dem 18./19. Jh.
Bemerkenswert sind einige Hei-
ligenstatuen von Luján Pérez, dem
berühmten Barockbildhauer, sowie
fünf wertvolle Rokoko-Gemälde. Jeden Sonntag findet von 9 bis 15 Uhr
vor der Kirche ein Kunsthandwerks-
markt statt.

22 km südwestl. von Las Palmas
de Gran Canaria

Fuerteventura

Wüstenhafte Landstriche und hellsandige Traumstrände sind die Markenzeichen der Afrika am nächsten gelegenen Kanareninsel. Lebhaft geht es an den Küsten zu, verträumt zeigt sich das Inselinnere.

◄ Hafen von Corralejo (▶ S. 62): Einst ein beschauliches Fischerdorf, mauserte sich der Ort zum quirligen Ferienzentrum.

Die Schönheiten von Fuerteventura erschließen sich nicht auf den ersten Blick. Am Horizont ist die Insel erst spät auszumachen, denn weite Teile der Küstenregion sind flach. Nur im Westen und auf der lang gestreckten Halbinsel Jandía zeigt sich »Fuerte«, wie Inselfans das Eiland liebevoll nennen, gebirgig. Ocker- und Brauntöne beherrschen die Landschaft. Weiße Dörfer mit kubischen Häusern und grüne Palmenoasen bringen Abwechslung ins Spiel.

Puerto del Rosario
▶ S. 145, E 2

30 000 Einwohner
Stadtplan ▶ S. 59

In Puerto del Rosario hat sich viel getan, um der einstmals gesichtslosen Inselmetropole ein neues Gepräge zu geben. Eine gepflegte Meerespromenade lädt zum Schlendern ein, traditionelle Häuserzeilen wurden restauriert, moderne Kunst und Architektur spielen eine große Rolle, und die Einkaufsmöglichkeiten sind gut. Lange vergessen sind die Jahre, in denen die 1975 von der West-Sahara nach Fuerteventura verlegte Fremdenlegion das Straßenbild beherrschte. 1996 zog die Legion endgültig ab. Puerto del Rosario gehört heute vorwiegend den Einheimischen, denn der Badetourismus findet in anderen Inselorten statt.

HAFEN
Der Hafen liegt unmittelbar vor dem Stadtzentrum. Kreuzfahrtschiffe legen an der langen Außenmole an, etwa zehn Fußgängerminu-

ten von der Plaza de España entfernt, in deren Umgebung man Cafés und landestypische Esslokale findet. Von dort wird in weiteren fünf Minuten die Fußgängerzone Calle Primero de Mayo erreicht.
www.palmasport.es

WUSSTEN SIE, DASS …

… Puerto del Rosario bis 1956 Puerto de Cabras (»Ziegenhafen«) hieß? Den Bewohnern erschien der alte Name nicht mehr fein genug, so tauften sie ihre Stadt kurzerhand um.

SEHENSWERTES
Iglesia Nuestra Señora del Rosario
▶ S. 59, b 1

In der Hauptkirche von Puerto del Rosario wird seit 1806, als die Stadt eine eigene Pfarrei erhielt, die Rosenkranzmadonna verehrt. Um 1930 erhielt die Kirche eine Fassade im Stil des Eklektizismus, einer kanarischen Variante des Jugendstils, die Elemente verschiedenster früherer Architekturrichtungen unbekümmert kombinierte.
Pl. de la Iglesia • tagsüber i. d. R. geöffnet

Parque Escultórico
Skulpturen, die seit 2001 auf einem jährlich im Herbst veranstalteten Bildhauer-Symposium entstanden, verteilen sich über die Stadt. Neben kanarischen sind auch Bildhauer vom spanischen Festland und anderen europäischen Ländern vertreten, so der Rumäne Nicolae Fleissig, der aus Gesteinsblöcken die Basis des Springbrunnens an der Rotonda de la Explanada schuf – dem großen

Kreisverkehr am Hafen. Die Bronze-koffer an der Plaza de España will der baskische Künstler Eduardo Úrcolo als Symbol für die Auswanderung nach Übersee, die früher auf Fuerteventura eine große Rolle spielte, verstanden wissen. An der Meerespromenade sind vier riesige Aluminiummuscheln von Félix Juan Bordes Caballero, einem einheimischen Künstler, zu bewundern. Bei Streifzügen landeinwärts lassen sich Dutzende weiterer Beispiele für diese Straßenkunst entdecken.

MUSEEN

Casa Museo Unamuno ▸ S. 59, b 1

Vier Monate verbrachte der baskische Schriftsteller und Philosoph Miguel de Unamuno 1924 auf Fuerteventura im Exil, verbannt wegen seiner Kritik an der damaligen spanischen Militärregierung. Er logierte im Hotel Fuerteventura, das liebevoll restauriert wurde und heute als Museum mit der damaligen Originaleinrichtung hergerichtet ist. Rasch versammelte Unamuno einen Kreis von Intellektuellen um sich und schrieb für internationale Tageszeitungen. Fotografien und damals entstandene Texte dokumentieren seinen Aufenthalt in Puerto del Rosario. Seine lebensgroße Bronzestatue vor dem Eingang schuf Emiliano Hernández (Lanzarote).
C. Virgen del Rosario 11 • Mo–Fr 9–14 Uhr • Eintritt frei

Centro de Arte Juan Ismael
▸ S. 59, nordöstl. c 1

Einen außergewöhnlichen Akzent setzt das Kunstzentrum mit seiner modernen kubischen Architektur. Einbezogen wurde die Fassade eines Kinos aus den 1960er-Jahren, des damaligen In-Treffs der Stadt. Um einen lichtdurchfluteten Innenhof gruppieren sich Säle mit wechselnden Ausstellungen einheimischer zeitgenössischer Kunst. Auch Bilder von Juan Ismael González (1907–1981) werden immer wieder gezeigt, einem bekannten Surrealisten, der von der Insel Fuerteventura stammt. Im angeschlossenen Shop können sich die Besucher mit Originalkunstwerken, Drucken und Kunsthandwerk eindecken.
C. del Almirante Lallermand 30 • Di–Sa 10–13.30 und 17–21 Uhr • Eintritt frei

SPAZIERGANG

Stadtplan ▸ S. 59

Der Rundgang beginnt an der **Plaza de España**, wo sich unter schattigen Lorbeerbäumen die Einheimischen im Café treffen. Ein Pavillon verkauft kühle Getränke und Eis. An den kleinen Platz schließt der **Mercado Municipal** an, eine winzige Markthalle, in der ein paar Stände Fisch, Feinkost und Blumen verkaufen. Verlassen Sie die Halle im Obergeschoss. Nach rechts erreichen Sie sogleich die **Calle León y Castillo**, eine Prachtallee, gesäumt von vornehmen Häusern aus dem 19. Jh. Folgen Sie dieser landeinwärts bis zur **Iglesia Nuestra Señora del Rosario**. Auf dem Kirchplatz ist immer etwas los, alle Bewohner der Umgebung finden sich früher oder später hier auf einen Plausch ein. Weiter geht es auf der Calle León y Castillo bis zur **Plaza de la Paz**, einem geräumigen Platz mit Springbrunnen und Gartenanlagen. Hier steigt während der Karnevalstage und bei anderen Festen die Party, finden Flohmärkte und politische Kundgebungen statt.

Puerto del Rosario

© MERIAN-Kartographie

Auch zum Promenieren wird die Plaza gern genutzt, und Kinder fahren hier Skateboard und spielen Fangen oder Ball. Laufen Sie jetzt zur Rosenkranzkirche zurück, wo Sie rechts in die **Calle Primero de Mayo** einbiegen, eine Fußgängerzone mit Geschäften für den gehobenen Bedarf. Links zweigen immer wieder Gassen in den ältesten Teil von Puerto del Rosario ab, wo noch traditionelle, niedrige Natursteinhäuser stehen. Nach dem einen oder anderen Abstecher dorthin gelangen Sie zur Einmündung in die Calle Doctor Fleming. Gehen Sie links und gleich wieder rechts, zur Avenida de los Reyes de España, die meist einfach **Avenida Marítima** genannt wird. Hier liegt die **Playa Chica**, ein

kleiner Familienstrand, der durch die Hafenmole vor Wellen gut geschützt ist. Folgen Sie nun der Meerespromenade zurück zum Ausgangspunkt.
Dauer: 1 Std.

ESSEN UND TRINKEN

La Terraza del Muelle ▸ S. 59, b 3

Bestechende Lage · Mit wunderbarem Blick von der Terrasse über die Playa Chica. Exquisite Tapas, etwa Gambas, Venusmuscheln oder Schinken vom Iberischen Schwein. Außerdem gibt es kreative Hauptgerichte und Menüs.
Av. de los Reyes de España · Tel. 9 28 86 16 35 · http://laterraza delmuelle.blogspot.com · tgl. geöffnet · €€€

MERIAN-Tipp ▸ 3

LAS ROTONDAS 👫 ▸ S. 59, a 2

Im Centro Comercial Las Rotondas warten auf vier Etagen über 100 Geschäfte und etliche Fast-Food-Lokale auf Kunden. Während sich vergleichbare Einkaufszentren auf anderen Inseln außerhalb der Städte befinden und somit nur umständlich zu erreichen sind, liegt das Las Rotondas in Puerto del Rosario ganz zentral. Wer Kleidung, Schmuck oder Parfümerieartikel erstehen möchte, ist hier goldrichtig. Dank der Zollfreiheit der Kanarischen Inseln kann man mit günstigen Preisen rechnen. Besondere Aufmerksamkeit verdienen die Stores der spanischen Modeketten, etwa Zara oder Cortefiel.
Puerto del Rosario, C. Francisco Pi y Arsuaga 2 • www.lasrotondas centrocomercial.com • Mo–Sa 10–22 Uhr

El Cangrejo Colorao

▸ S. 59, nordöstl. c 1

Fast noch ein Geheimtipp • Das Lokal des örtlichen Sport- und Kulturvereins serviert spanische Klassiker zu erstaunlich günstigem Preis. Terrasse am Meer.
C. Juan Ramón Jiménez 2 • Tel. 9 28 85 84 77 • www.herbania.com/restaura. htm • So abends geschl. • €€

SERVICE
AUSKUNFT
OIT Puerto del Rosario ▸ S. 59, c 1

Av. Marítima s/n • Tel. 9 28 85 01 10 • www.turismo-puertodelrosario.org • Mo–Fr 10–14 Uhr

Ausflüge

◎ **Betancuria** 🔟 ▸ S. 145, D 2

200 Einwohner

Bis 1835 war Betancuria die Hauptstadt von Fuerteventura, heute kaum vorstellbar angesichts der geringen Größe des Ortes. Im Zentrum erinnern einige noble Bauten an die Zeiten, als hier die Feudalherren der Insel residierten. Auch die pittoreske Lage in einem Palmental zwischen kargen Bergen beeindruckt.
28 km südwestl. von Puerto del Rosario

SEHENSWERTES
Casa Santa María

In dem ehemaligen Adelspalast mit idyllischem Garten demonstrieren heute Stickerinnen und Weber die alten Handwerkskünste. Fotografien und Gerätschaften aus vergangenen Zeiten hängen an den Wänden. Eine Audiovisionsschau, zusammengestellt von den Fotografen Rainer Loos und Luis J. Soltmann, befasst sich mit dem heutigen Leben auf Fuerteventura im Ablauf der Jahreszeiten. Im Eintrittspreis enthalten ist eine Wein- und Käseprobe in der hauseigenen Bodega.
Pl. Iglesia • Mo–Sa 11–16 Uhr • Eintritt 5 €, Kinder 2,50 €

Iglesia Santa María

Die Marienkirche hatte im 15. Jh. sechs Jahre lang sogar den Status einer Kathedrale. Ihr Portal ist im für die Kanaren ungewöhnlichen Stil der Spätrenaissance gehalten. Eine wertvolle holzgeschnitzte Decke von 1645 überspannt das Innere. Üppig bemalt präsentiert sich der barocke Hauptaltar.
Pl. Iglesia • Mo–Fr 10.45–16.20, Sa 11–15.20 Uhr • Eintritt 1,50 €

Fuertes schönster Aussichtspunkt : Vom Mirador de Morro Velosa (▸ S. 61) reicht der Blick bis zu den Nachbarinseln Lanzarote, Gran Canaria und Teneriffa.

Mirador de Morro Velosa

Blanca Cabrera Morales, die Nichte von César Manrique, schuf den spektakulären Aussichtspunkt am Gipfel des Tegú. Man glaubt zunächst, einen kanarischen Gutshof zu betreten. Innen geben riesige Panoramascheiben den Blick auf den Norden Fuerteventuras frei.
3 km nördl. von Betancuria • Juli–Sept. Di–So 10–18, Okt.–Juni Di–Sa 10–18 Uhr • Eintritt frei

MUSEEN

Museo Arqueológico de Betancuria

Um einen Patio gruppieren sich Räume mit Exponaten aus der Zeit der Ureinwohner. Herausragend sind die Fruchtbarkeitsstatuetten aus einer Höhle im Norden der Insel.
C. Roberto Roldán • Di–Sa (Juli–Sept. auch So) 10–18 Uhr, 1. Jan. und 25. Dez. geschl. • Eintritt 2 €

ESSEN UND TRINKEN

Bodegón Don Carmelo

Wunderbare Tapas • In einem 400 Jahre alten Stadthaus serviert ein kanarisch-schweizerisches Paar kleine Gerichte und Kuchen. Am schönsten sitzt man an den Tischen vor der Tür und genießt die Ruhe und Beschaulichkeit Betancurias, während man köstliche Tapas bei einem Glas Wein genießt.
C. Alcalde Carmelo Silvera 4 • Tel. 9 28 87 83 91 • tgl. 10–18 Uhr • €€

EINKAUFEN

Finca Pepe 👣👣

Käse der Marke El Convento produziert die Ziegenfarm oberhalb des ehemaligen Franziskanerkonvents. Nach einem Rundgang durch die Stallanlagen und die Käserei wird zur Käseprobe geladen.
Granja Las Alcaravaneras (1 km nordwestl. von Betancuria) • tgl. 8–20 Uhr

Tienda de Artesanía de Betancuria

Der Kunsthandwerksladen der Inselregierung ist mit einem kleinen Museumsbereich ausgestattet. Hier gibt es die für Fuerteventura typische Stickerei, Keramik und Flechtarbeiten. Alle angebotenen Artikel tragen ein Gütesiegel.

C. Roberto Roldán • Di–Sa 10–17, So 11–14 Uhr

◎ Corralejo ▶ S. 145, E 1
13 600 Einwohner

Der Ferienort an der Nordküste der Insel, ehemals ein beschauliches Fischerdorf, hat sich innerhalb weniger Jahrzehnte in einen quirligen Badeort verwandelt mit doppelt so vielen Gästebetten wie Einwohnern. An das kleine Fischerdorf, aus dem er hervorging, erinnert noch das Hafenviertel. Hier starten heute Glasbodenboote zu 45-minütigen Ausflügen über die für ihre reiche Unterwasserfauna bekannte Meerenge **El Río**. Corralejos große Attraktion ist die 8 km lange, weißsandige Strandzone außerhalb des Orts. Von Bebauung blieb sie weitgehend frei, und das wird auch in Zukunft so bleiben, denn sie steht mitsamt der ausgedehnten landwärtigen Dünenzone **El Jable** unter Naturschutz. Die breitesten Strände des Gebiets, die 4 km südlich von Corralejo gelegenen **Grandes Playas** bei den beiden einzigen Hotels weit und breit, setzen sich aus fünf sandigen Abschnitten zusammen, durch flache, dunkle Lavazungen unterbrochen. Den hier konstant wehenden Passatwind nutzen Windsurfer und Drachenlenker.

Bootsausflüge: www.excursiones maritimaslobos.com • tgl. 13 Uhr
29 km nördl. von Puerto del Rosario

Abendstimmung in Corralejo (▶ S. 62): In einem der Restaurants an der Uferpromenade kann man den Urlaubstag romantisch ausklingen lassen.

ESSEN UND TRINKEN

Bar La Lonja

Frisch vom Kutter • Das Restaurant der Fischereigenossenschaft von Corralejo serviert den Tagesfang und bietet ein hervorragendes Preis-Leistungs-Verhältnis.
Paseo Marítimo • Tel. 6 30 86 39 51 • tgl. 7–23 Uhr • €

EINKAUFEN

Clean Ocean Project

Die auf Fuerteventura ansässige Initiative organisiert regelmäßig Strandsäuberungs-Kampagnen. Im Shop gibt es Dekorationsgegenstände aus Strandgut sowie T-Shirts und Taschen aus Naturmaterialien mit dem Logo der Organisation.
C. General García Escámez 32 • www.cleanoceanproject.org

◉ El Cotillo　▶ S. 145, D 1

1200 Einwohner

Der urige Fischerort ist am zünftigsten auf holprigen Pisten von Majanicho entlang der wilden Nordwestküste zu erreichen. Am Weg liegen brandungsumtoste Wellensurferstrände und die Caletillas, dunkle Lavazungenbuchten, in denen die Einheimischen Muscheln und Meeresschnecken sammeln. Geländegängige Fahrzeuge sind über Autovermieter kurzfristig meist nicht zu bekommen. Örtliche Unternehmen bieten jedoch für Kreuzfahrtpassagiere Jeepsafaris in diese abgelegene Gegend an. El Cotillo selbst besitzt mit der **Playa del Castillo** einen goldgelben, zum Baden aber wegen der hohen Wellen kaum geeigneten Strand. Dort erhebt sich der Festungsturm **Torre de El Tostón** von 1740, der Schutz vor Piraten bot. Beeindruckend der Blick von seiner

Schätze aus dem Meer: Die Gewässer um den Archipel sind sehr fischreich.

oberen Plattform. Eine Reihe von Fischerkaten bildet den romantischen alten Ortskern um die Naturhafenbucht Puerto Antiguo, an der Fischer ihre Netze flicken und ein paar Einheimische gemächlich den Tag verstreichen lassen.
Torre de El Tostón: Juli–Sept. Mo–Fr 9–15, Sa und So 9–14, Okt.–Juni Mo–Fr 9–16, Sa und So 9–15 Uhr • Eintritt 1,50 €
37 km nordwestl. von Puerto del Rosario

MUSEEN

Museo de la Pesca Tradicional

Im alten Wärterhaus des Faro de El Tostón, des Leuchtturms an der Nordwestspitze Fuerteventuras, befasst sich das Museum mit traditionellen Fischfangmethoden. Ein 800 m langer Lehrpfad informiert über Fossilien, Küstenflora und Strandgut. Mit Shop und Cafeteria.
Faro de El Tostón (3 km nördl. von El Cotillo) • Di–Sa 10–18 Uhr • Eintritt 3 €

Lanzarote
Vulkanausbrüche formten weite Teile der Insel im 18. und 19. Jh. völlig neu. Sie hinterließen schwarze Lavaströme und rötlich schimmernde Krater als spektakulären Kontrast zu üppig grünenden Palmentälern.

◄ Natur als Gesamtkunstwerk: Die Lava-
erde im Weinbaugebiet La Geria (► S. 72)
bringt zuckersüße Weine hervor.

Die Landwirte trotzen dem Boden
hier und da Wein und Gemüse ab,
ansonsten erinnert die Landschaft
vielfach an eine Wüste. Goldgelbe
Sandstrände locken Badeurlauber in
großer Zahl an. Aber auch jenseits
der Playas hat Lanzarote viel zu bieten. Auf Schritt und Tritt begegnet
man dem Vermächtnis des charis-
matischen Inselkünstlers César Manrique (1918–1993). Er sorgte für die
Erhaltung der traditionellen Bau-
substanz in den gepflegten weißen
Dörfern und schuf legendäre Groß-
kunstwerke, bei denen er Architektur und Natur eine unvergleichliche
Verbindung eingehen ließ.

Arrecife   ► S. 147, E 2

59 000 Einwohner
Stadtplan ► S. 67

Zwar kann Arrecife, was Lage und
Schönheit betrifft, nicht mit den
anderen Inselmetropolen mithalten,
und die großen Sehenswürdigkeiten
Lanzarotes liegen außerhalb, doch
die Stadt versteht es, sich mit guten
Einkaufsmöglichkeiten und einer
lebendigen Kunst- und Kulturszene
zu positionieren. Gepflegte Prome-
naden, Parks und Fußgängerzonen
laden zum Bummeln ein, die Altstadt und das malerische Fischer-
viertel wurden sorgfältig restauriert.
Arrecife wirkt vergleichsweise »spanisch«, vielleicht wegen des trocken-
heißen Klimas und der kargen Umgebung. Eine mehrstündige Siesta
am Nachmittag gehört hier nach wie
vor dazu. Straßen und Geschäfte be-
leben sich in den Vormittagsstunden
und dann wieder am frühen Abend.

HAFEN

Im Herbst 2011 wurde der neue,
vom Zentrum nur 600 m entfernte
Passagierkai Muelle de Cruceros in
Betrieb genommen.
www.palmasport.es

SEHENSWERTES

Casa de la Cultura Agustín
de la Hoz   ► S. 67, b 2

Den prunkvollen Palast an der Meeresfront bewohnte im 19. Jh. die
Familie eines hohen Offiziers. Damals fertigte Meister Saavedra, ein
renommierter Zimmermann aus
Arrecife, die elegante Treppe des
überdachten Patios an. Im 20. Jh.
diente das Gebäude vorübergehend
als Casino. Dessen Bar schmückte
César Manrique 1947 mit Wand-
gemälden, die erst vor wenigen Jahren wiederentdeckt wurden. Der
heutige Name des Hauses erinnert
an den einheimischen Publizisten
und Historiker Agustín de la Hoz
Betancort (1926–1988). Die Casa
wurde zwischen 2007 und 2011
komplett renoviert und soll dem-
nächst im Rahmen von Ausstellungen öffentlich zugänglich sein.
Av. de la Marina 7

Casa de Los Arroyo   ► S. 67, c 2

Das zweistöckige traditionelle Stadthaus mit rotem Ziegeldach, holzgeschnitzten Fensterrahmen und
wunderschönem Innenhof steht
unter Denkmalschutz. Es handelt
sich um eines der ältesten noch
vorhandenen Gebäude in Arrecife.
Vermutlich diente es im 17. Jh. als
Zollstation. Ein Jahrhundert später
baute es der Reeder und Militär-
gouverneur Domingo de Armas y
Bethencourt zu seinem Wohnhaus
um, durch Erbschaft gelangte es an

die Familie Arroyo. Heute befindet sich hier der Sitz des **Museo de la Ciencia y Técnica**. Die Ausstellung widmet sich dem einheimischen Physiker Blas Cabrera (1878–1945), der den Magnetismus erforschte.

Av. Coll 3 • Mo–Fr 10.30–13.30 und 16–19 Uhr • Eintritt frei

Castillo de San Gabriel

▸ S. 67, c 3

Auf einem Felsriff vor der Stadt erhebt sich die trutzige Festung. Ihr Bau wurde 1572 notwendig, nachdem sich die Piratenüberfälle auf den Hafen gehäuft hatten. Die erste Burg wurde schon 1586 durch den berüchtigten Freibeuter Morato Arráez zerstört. König Philipp II. schickte daraufhin den italienischen Militärarchitekten Torriani, unter dem die Festung in ihrer heutigen Form entstand. Sie soll in Zukunft ein Museum zur Stadtgeschichte beherbergen. Derzeit ist das Gebäude meist verschlossen. Der Weg hierher lohnt aber wegen des großartigen Blicks auf die Uferfront von Arrecife.

Iglesia de San Ginés   ▸ S. 67, c 2

Erst gegen Ende des 18. Jh. entwickelte sich Arrecife zur Stadt, eine Pfarrei wurde gegründet. Zuvor hatte es hier wegen der Piratengefahr nur unbewohnte Hafenanlagen gegeben. Die Kirche geht auf das Jahr 1798 zurück und ist dem hl. Genesius von Arles geweiht. Französische Einwanderer brachten seinen Kult nach Lanzarote. Im dreischiffigen Inneren wird eine spätbarocke Statue des Heiligen verehrt. Sie wurde, wie auch die Skulptur der Rosenkranzmadonna, in Kuba angefertigt.

Pl. de Las Palmas • tgl. 9–13 und 17–20 Uhr

MUSEEN

Museo Internacional de Arte Contemporáneo (MIAC)

▸ S. 67, nordwestl. d 1

Im Norden der Stadt erhebt sich die halbkreisförmige Festung **Castillo de San José**, die Ende des 18. Jh. zum Schutz vor Piraten errichtet wurde und einst die Hafeneinfahrt sicherte. Im ehemaligen Munitionslager der Festung ist seit 1976 ein Museum für zeitgenössische Kunst untergebracht. Die beachtliche Sammlung zeigt Werke aus dem dritten Viertel des 20. Jh. von Künstlern wie Tàpies, Mompó oder Gordillo. Natürlich ist auch César Manrique vertreten, der übrigens die halb verfallene Burg wiederentdeckte und sich für deren Restaurierung engagierte. Er entwarf auch das angeschlossene Restaurant, das durch riesige Panoramascheiben den perfekten Hafenblick bietet.

– Museum: www.centrosturisticos. com • Mitte Sept.–Mitte Juli tgl. 10–20, Mitte Juli–Mitte Sept. tgl. 10–21 Uhr • Eintritt 2,50 €, Kinder 1,25 €

– Restaurant: Tel. 928 81 23 21 • tgl. 13–16 und 19–23.30 Uhr • €€€

STRAND

Playa del Reducto ♀♂

▸ S. 67, östl. d 1

Am Westrand der Stadt erstreckt sich, 3 km vom Hafen entfernt, dieser 500 m lange, feinsandige Strand in einer Bucht, die mit ruhigem, sauberem Wasser aufwartet. Sanitäre Einrichtungen und eine Strandbar sind vorhanden, Palmen spenden ein wenig Schatten. Die Playa del Reducto wird vorwiegend von Einheimischen genutzt, die zum Baden anrücken, ein Sonnenbad genießen oder sportlich schwimmen.

Arrecife
© MERIAN-Kartographie
150 m

SPAZIERGANG

Stadtplan ▶ S. 67

Starten Sie am **Puente de las Bolas**, der markanten Zugbrücke vor der Altstadt am Meer. Steinkugeln krönen ihre Türme. Die Brücke wurde Ende des 16. Jh. errichtet, als Zugang zum **Castillo de San Gabriel**, das auf einer vorgelagerten Felsinsel die Stadt bewacht. Halten Sie sich Richtung Westen und betreten Sie den

Parque José Ramírez Cerdà. Unter Palmen blühen hier Oleander und Tamarisken. Wasserspiele sorgen für Erfrischung, Pergolen spenden Schatten. Im nostalgischen **Kiosko de la Música**, der Replik eines Musikpavillons aus den 1950er-Jahren, befindet sich eine Touristeninformation. Auf seiner oberen Plattform spielen hin und wieder Musikkapellen auf. Weiter an der Küste entlang kommen Sie zum **Parque Islas Canarias**. Der Park bietet Ruhezonen und Rasenflächen, einen Kinderspielplatz und Stege, die den Zugang zum Meer ermöglichen. Beherrscht wird dieser Teil der Uferfront vom **Gran Hotel**, dem einzigen Hochhaus weit und breit. Dahinter schließt die **Playa del Reducto** an. Gehen Sie auf der von Cafés gesäumten Landseite der breiten Uferstraße, der

MERIAN-Tipp   **4**

PARQUE TEMÁTICO 👫

▶ S. 67, westl. a 2

Das Freizeitgelände jenseits der Playa del Reducto erfreut sich bei Jung und Alt großer Beliebtheit. Im Mittelpunkt der Aufmerksamkeit steht die Skateboard-Bahn. Wer sie nicht selbst nutzt, bewundert die Tricks und Kunststücke der jungen einheimischen Skater. Auch für »normale« Sportarten wie Jogging oder Radfahren eignet sich der geräumige Park. Für die ganz Kleinen gibt es einen Spielplatz. Die ältere Generation begnügt sich meist mit einer Partie Minigolf oder einem gemütlichen Spaziergang im Schatten der über 300 Bäume. Arten aus aller Welt sind hier vertreten, etwa Flamboyants, Gummibäume oder verschiedene Palmen. Zu guter Letzt kann man auf einer der Parkbänke oder im Café Platz nehmen. Oder man folgt beliebig weit der Meerespromenade, vielleicht bis zur 4 km entfernten Wochenendhaussiedlung Playa Honda.
Arrecife, Playa del Reducto • Eintritt frei

Avenida Mancomunidad, zurück und biegen Sie im weiteren Verlauf links in die Calle José Betancort ein. Sie befinden sich jetzt in einem traditionellen Stadtviertel mit kleinen Wohnhäusern aus dem 19. Jh. Zwei davon wurden in den 1970er-Jahren unter Regie von César Manrique zum Kulturzentrum **El Almacén** ausgebaut (Haus Nr. 33). Dessen Fassade besprühte Matías Mata, auch unter dem Künstlernamen Sabotaje al Montaje (»Sabotage der Montage«) bekannt, im Jahre 2007 farbenfroh mit Graffiti. Geradeaus kommen Sie in die **Calle José Antonio Primo de Rivera**, eine der wichtigsten Einkaufsstraßen der Stadt. Folgen Sie ihr nach rechts, zur **Calle León y Castillo**. Die Einheimischen verwenden meist den historischen Namen Calle Real (»Königsstraße«). Auch sie ist von Geschäften gesäumt, unter denen **Almacenes Arencibia** (Haus Nr. 33), ein altmodisches Textilkaufhaus mit Innenhof und Galerie, besondere Erwähnung verdient. Geradeaus treten Sie in das Gassengewirr des ältesten Teils von Arrecife ein. Wenden Sie sich dort nach rechts durch die Calle Aquilino Fernández zum stillen Zentrum der Altstadt, der **Plaza de Las Palmas** mit Pfarrkirche und Markthalle. Gehen Sie zwischen den beiden Gebäuden hindurch Richtung Osten, wo Sie den **Charco de San Ginés** erreichen – eine breite, flache Lagune, in der zahlreiche kleine Fischerboote malerisch vor Anker liegen. Ringsum an der Promenade sind in vielen Fischerkaten heute Restaurants oder Kneipen untergebracht. Es bietet sich an, den Spaziergang hier für eine Einkehr zu unterbrechen, um frischen Fisch oder ein paar Tapas zu genie-

Mit der Fundación César Manrique (▶ S. 70) schuf der Künstler und Umweltschützer eine perfekte Symbiose von Natur und Architektur. Die Stiftung dient als Museum.

ßen. Anschließend können Sie im Uhrzeigersinn um die Lagune herumlaufen und erreichen den Hafen auf der breiten Calle Juan de Quesada (Bushaltestelle).
Dauer: 2 Std.

ESSEN UND TRINKEN

La Puntilla ▶ S. 67, c 1

Am alten Fischerhafen • Das Restaurant wird von Besitzer Pepe Rodríguez sehr persönlich geführt und ist in maritimem Blau eingerichtet. Die Küche ist kreativ und markt-

orientiert, mit Betonung auf Fisch und Meeresfrüchten, etwa Langustensalat mit Guacamole.
Rivera del Charco 52 • Tel. 9 28 81 60 42 • Mo–Sa 13–16.30, 20.30–23.30 Uhr • €€€

Pelayín ▶ S. 67, b 2

Asturische Taverne • Die nordspanische Küche setzt auf beste Zutaten, allen voran Schinken und Fleisch vom Iberischen Schwein. Bemerkenswert sind auch die feinen Tapas, die Reisgerichte und Desserts.
C. Miguel de Unamuno 3 • Tel. 9 28 81 18 68 • Di–Sa 13–16, 20–2, So 13–16 Uhr • €€

La Tavernetta ▶ S. 67, b 3

Zentraler Treffpunkt • Bevor es ins Büro oder zum Shopping geht, finden sich die Einheimischen vorne in der Bar auf einen Kaffee ein. Großer Speisesaal, abwechslungsreiche

mediterrane Karte, die den Gästen auch Pasta und Pizza anbietet.
C. Blas Cabrera Felipe • Tel. 9 28 80 75 09 • tgl. 9.30–24 Uhr • €

EINKAUFEN

Recova Municipal ⚘ ▸ S. 67, c 2

In der restaurierten Markthalle werden frische Inselprodukte wie Ziegenkäse, Wein oder Obst aus biologischem Anbau angeboten. Andere Stände verkaufen Kunsthandwerk von den Kanaren, aber auch aus Afrika und Südamerika: Schmuck, Hüte, handgefertigte Schuhe und mehr.
Plaza de Las Palmas • Mo–Fr 9–14 Uhr

SERVICE

AUSKUNFT

Punto de Información ▸ S. 67, b 3

Parque José Ramírez Cerdà • Tel. 9 28 81 31 74 • www.arrecife.es • Juli–Sept. Mo–Fr 8–14, Okt.–Juni Mo–Fr 8–15 Uhr

Ausflüge
◎ Fundación César Manrique
 ▸ S. 147, E 2

Durch spektakuläre Architektur zeichnet sich das ehemalige Wohnhaus von César Manrique aus. Er starb 1993 bei einem Verkehrsunfall an einer nur 50 m entfernten Straßenkreuzung. Schon einige Jahre zuvor hatte er das Haus in ein Museum verwandelt und war nach Haría umgezogen, da er dem Andrang der Besucher – Architekten und Journalisten aus aller Welt – aus dem Weg gehen wollte. Ein großer Teil der Räumlichkeiten befindet sich unter der Erde, in den Hohlräumen eines erkalteten Lavastroms. Jede dieser Vulkanblasen ist in einer anderen Farbe eingerichtet, eine Höhle ohne Dach fungiert als Garten mit Pool und Grillstelle. Im oberirdischen Bereich, wo Manrique in einem Atelier hinter riesigen Glasscheiben arbeitete, ist seine private

Die Palmenoase Haría (▸ S. 71) gilt als einer der fruchtbarsten Orte Lanzarotes und ist umgeben von zahlreichen Feldern, auf denen Kartoffeln und Getreide gedeihen.

Kunstsammlung zu sehen, mit Werken von Picasso, Miró und Tàpies. In der Tienda werden Manrique-Drucke, Kunstpostkarten und T-Shirts verkauft. Für das leibliche Wohl sorgt eine Cafeteria.
Taro de Tahiche • www.fcmanrique. org • Juli–Okt. tgl. 10–19, Nov.–Juni Mo–Sa 10–18, So 10–15 Uhr • Eintritt 8 €, Kinder frei
5 km nördl. von Arrecife

◎ Haría   ▸ S. 146, C 2
1200 Einwohner
Die Stadt in den Bergen zeichnet sich durch eine gewisse Ursprünglichkeit aus. Weiße kubische Häuser stehen in einem oasenartigen Tal. Wie es heißt, wächst stets eine neue Palme heran, wenn ein Mädchen im Ort geboren wird. Über 3000 der majestätischen Bäume wurden gezählt. Das Leben spielt sich auf der **Plaza León y Castillo** ab, einem alleeartigen Platz vor der Kirche.
30 km nördl. von Arrecife

ESSEN UND TRINKEN
Dos Hermanos
Schmackhafte Inselküche • Das Lokal hat eine schöne Terrasse am zentralen Platz und drei sorgfältig dekorierte Speiseräume. Die Küche ist auf typische Fleischsorten spezialisiert: Kaninchen, Zicklein, Lamm.
Pl. León y Castillo • Tel. 9 28 83 54 09 • tgl. 11–20 Uhr • €€

EINKAUFEN
Táller de Artesanía de Haría ⚘
Einheimische Kunsthandwerker betreiben eine gemeinsame Werkstatt, bilden aus und verkaufen ihre Produkte: Stickereien, Klöppelspitzen, Geflochtenes aus Palmstroh, Keramik, Sandbilder und vieles mehr.

C. Barranco de Tenesía • www. ayuntamientodeharia.com • Mo 10–13.30, Di–Sa 10–13.30 und 16–19 Uhr

◎ Jameos del Agua 🔶
▸ S. 146, C 1
Als Hauptwerk von César Manrique gilt diese von ihm fantasievoll ausgestaltete Lavahöhle, die er in den 1960er-Jahren »entdeckte«. Sie ist Teil eines 7 km langen Vulkantunnelsystems, das sich bis weit unter den Meeresboden fortsetzt. Zwei »jameos« (Kamine), Höhlenteile mit eingestürzter Decke, erlauben den Zutritt und lassen Luft und Licht hinein. Dazwischen, im abgedeckten Abschnitt, hat sich ein unterirdischer See gebildet, in dem blinde Albinokrebse leben. Einen der Kamine verwandelte Manrique in einen Garten mit Lagune und Bar. Im angrenzenden Höhlenabschnitt befindet sich ein Auditorium für 600 Besucher.
www.centrosturisticos.com • tgl. 10–18.30 Uhr • Eintritt 8 €, Kinder 4 €
29 km nordöstl. von Arrecife

◎ Jardín de Cáctus ▸ S. 147, D 2
Seit dem 19. Jh. stehen auf den Feldern von Guatiza Feigenkakteen, auf denen die Koschenille-Schildlaus parasitiert. Sie liefert einen roten Naturfarbstoff, der heute für Naturkosmetika und Bio-Lebensmittel gefragt ist. César Manrique ließ sich dadurch zu seinem Kaktusgarten in einem stillgelegten Steinbruch inspirieren. Wie die Ränge eines Theaters ordnete er die Gartenterrassen an und pflanzte über 7000 Kakteen und andere Sukkulenten. Sie gehören etwa 1100 verschiedenen Kakteenarten aus Amerika, Afrika und von den Kanarischen

Inseln an. In typischer Manrique-Manier ist die Anlage mit Metallskulpturen, Lavabrocken, Brunnen und Fratzengesichtern dekoriert.

Guatiza • www.centrosturisticos. com • tgl. 10–17.45 Uhr • Eintritt 5 €, Kinder 2,50 €

14 km nordöstl. von Arrecife

◎ La Geria ▸ S. 147, E 3

Die bizarre Weinbaulandschaft erhielt 1964/65 vom Metropolitan Museum of Modern Art in New York die Auszeichnung »Engineering without Engineers« (Ingenieurkunst ohne Ingenieure), die UNESCO erklärte sie zum Welterbe. Nach heftigen Vulkanausbrüchen im 18. Jh. war ehemals fruchtbares Land von einer dicken Ascheschicht bedeckt. Die Landwirte wussten sich zu helfen und gruben ein geometrisches Muster aus Zehntausenden von Trichtern, in die sie Rebstöcke setzten. Windgeschützt reifen in der dunklen, Wärme speichernden Asche zuckerhaltige Trauben der Sorte Malvasier für einen traditionellen Süßwein heran. Dem modernen Geschmack entsprechend keltern die Winzer inzwischen auch leichtere Tropfen. In La Geria laden verschiedene Weingüter zur Probe und zum Kauf ein, etwa El Grifo, El Campesino oder die Bodega La Geria.

Ca. 15 km westl. von Arrecife

◎ Mirador del Río ▸ S. 146, C 2

Fast senkrecht über der Meerenge El Río im Norden Lanzarotes schwebt der Aussichtspunkt in 450 m Höhe. Früher hielten hier Wachposten nach feindlichen Schiffen Ausschau, zuletzt noch im Zweiten Weltkrieg. César Manrique gestaltete die verlassene militärische Stellung zu seiner

vielleicht gelungensten Arbeit um. Von außen ist das Gebäude kaum vom umgebenden Fels zu unterscheiden. Innen gibt es keine Ecken, nur geschwungene Wände. Aus einer Cafeteria schaut man durch gewaltige Fensterscheiben zur kleinen Nachbarinsel La Graciosa und weit über das Meer.

www.centrosturisticos.com • Juli–Sept. tgl. 10–18.45, Okt.–Juni tgl. 10–17.45 Uhr • Eintritt 4,50 €, Kinder 2,25 €

37 km nördl. von Arrecife

◎ Montañas del Fuego 👥 ▸ S. 147, E 4

Zwischen 1730 und 1736 und zuletzt noch einmal 1834 veränderte Lanzarote sein Gesicht. Aus etwa 100 Kratern ergossen sich Lavaströme oder brachen Vulkanasche und Schlackebrocken hervor. So entstanden die »Feuerberge«, eine Mondlandschaft, die immerhin etwa ein Viertel der Inselfläche ausmacht. Sie steht heute als **Parque Nacional de Timanfaya** unter Schutz und darf nur eingeschränkt betreten werden. Eine mautpflichtige Straße führt zum **Islote de Hilario**, wo ein legendärer Einsiedler mit seinem Kamel gelebt haben soll. Parkranger führen hier vor, wie Wasser schon wenige Zentimeter unter der Erdoberfläche zu kochen beginnt und als Fontäne verdampft. Im benachbarten **Ristorante El Diablo**, das César Manrique entwarf, wird Fleisch über einem heißen Erdloch gegrillt. Vom Islote de Hilario geht es per Bus (im Eintrittspreis inbegriffen) auf der **Ruta de los Volcanes** (Vulkanroute) durch die bizarre, faszinierende Lavalandschaft. Am Südrand des Parks, am **Echadero de los Camellos**, starten

Parque Nacional de Timanfaya (▸ S. 72): Auf dem Rücken eines Dromedars lässt sich die bizarre Schönheit der Vulkanlandschaft eindrucksvoll erleben.

Dromedarkarawanen zu 20-minütigen Ausritten durch die Feuerberge. – Park: www.centrosturisticos.com • Juli–Sept. tgl. 9–19, Okt.–Juni tgl. 9–17.45 Uhr • Eintritt 8 €, Kinder 4 € – Ristorante El Diablo: Tel. 928 84 00 57 • tgl. 13–15.30 Uhr • €€ Ca. 33 km westl. von Arrecife

◎ Museo Agrícola El Patio 👭
▶ S. 147, D 3

Das Freilichtmuseum zeigt anschaulich, wie es um das Jahr 1900 auf einem Landgut zuging und wie die Bauern der kargen Erde Erträge abtrotzten. Der Arzt Dr. José Barreto erwarb die Finca in den 1970er-Jahren und restaurierte sie liebevoll. Nach seinem Tod eröffnete die Familie das Museum. Zu besichtigen sind Wohn- und Wirtschaftsräume mit Einrichtungsgegenständen und Geräten, eine früher von Tieren in Bewegung gesetzte Mühle (»tahona«), zwei Windmühlen und Ställe mit Ziegen, Eseln und Dromedaren. In der Bodega wird zu einem Glas Wein aus eigener Produktion eingeladen.

Tiagua, C. Echeyde 18 • Mo–Sa 10–17 Uhr • Eintritt 6,50 €
16 km nordwestl. von Arrecife

◎ Puerto Calero   ► S. 147, F 3
400 Einwohner

Um den schicken Jachthafen gruppieren sich elegante Geschäfte, Cafés und Restaurants. Viermal am Tag startet das U-Boot **Sub Fun Tres** 👥👥 zu einstündigen Unterwassersafaris. Durch Panoramabullaugen sieht man gewaltige Fischschwärme vorbeiziehen und bekommt die abwechslungsreiche Fauna vor der Küste fachkundig erklärt.
Unterwassersafari: Tel. 9 28 51 28 98 • www.submarinesafaris.com • Erw. 52 €, Kinder 30 € (nicht für Kinder unter zwei Jahren geeignet)
20 km südwestl. von Arrecife

ESSEN UND TRINKEN
Amura

Autorenküche • Das Gourmetrestaurant blickt auf die Luxusjachten im Puerto Calero. Germán Blanco verarbeitet die besten Produkte der Inseln marktfrisch.
Av. Marítima • Tel. 9 28 51 31 81 • www.restauranteamura.com • Di–So 13–16 und 19–23 Uhr • €€€€

◎ Puerto del Carmen
► S. 147, E/F 3
4000 Einwohner

Wer einen Badetag einlegen möchte, fährt in Lanzarotes größten Ferienort. Dort lockt eine 12 km lange Sandstrandzone, hinter der sich Einkaufszentren, Boutiquen und Cafés reihen. Traditionell geht es im Hafenviertel **La Tiñosa** zu, wo in vielen alten Fischerkaten heute urige Restaurants untergebracht sind.
16 km südwestl. von Arrecife

◎ Teguise   ► S. 147, E 2
1700 Einwohner

Schon 1418 wurde Teguise als erste Stadt der Kanarischen Inseln gegründet. Der schachbrettförmige Grundriss wurde zum Vorbild für die später in den spanischen Kolonien angelegten Städte. Bis 1852 war Teguise die Hauptstadt von Lanzarote, wo der Adel lebte. An diese glanzvollen Zeiten erinnert noch manches repräsentative Gebäude, etwa am Hauptplatz der **Palacio de Spínola**, ehemals Residenz der Generalkapitäne der Insel, und ihm gegenüber die **Iglesia Nuestra Señora de Guadalupe**. Die Kirche wurde wiederholt von Piraten gebrandschatzt, der heutige Bau stammt von 1680. Am Sonntagvormittag spielt sich in Teguise der **Mercadillo** ab, der bekannteste und bunteste Wochenmarkt von Lanzarote, ein riesiges, stets gut besuchtes Verkaufsfest.
12 km nördl. von Arrecife

ESSEN UND TRINKEN
Acatife

Urige Weinstube • In einem der ältesten Häuser von Teguise. Die Küche ist gehoben kanarisch mit Schwerpunkt auf Fleischgerichten wie Kaninchen oder Zicklein.
Pl. de la Constitución 1 • Tel. 9 28 84 50 37 • Di–Sa 12–23, So 9–16 Uhr • €€

Casa Cristóbal

Voll im Trend • Kreative Kanarenküche, gutes Preis-Leistungs-Verhältnis. Der Fisch stammt aus frischem Fang von der Nachbarinsel La Graciosa, empfehlenswert auch die »lapas« (Napfschnecken).
C. Los Morros • Tel. 9 28 84 52 95 • Mi–Mo 11–24 Uhr • €€

La Gomera
Die kleine Insel im Westen des Kanarenarchipels präsentiert sich dem Kreuzfahrer ruhig und beschaulich. Abseits der großen Touristenströme gilt das Eiland seit Jahrzehnten als Aussteigerparadies.

◄ Die Calle Real (▸ S. 78), die Prachtstraße von San Sebastián de La Gomera, wird von Bürgerhäusern gesäumt.

Einen internationalen Flughafen gibt es nicht, daher reisen die meisten Besucher auf dem Seeweg an – mit der Fähre von Teneriffa, auf der eigenen Segeljacht oder eben mit dem Kreuzfahrtschiff. Die Meeresufer insbesondere im Süden der Insel sind karg, die Strände kurz und eher kiesig. Im feuchteren Norden gedeihen Bananen und Wein, die dortigen Bewohner leben in hübschen kleinen Landstädtchen. Fast menschenleer und abgeschieden ist das dicht bewaldete, von schroffen Schluchten und abenteuerlichen Ziegenpfaden durchzogene Inselinnere.

San Sebastián de La Gomera ▸ S. 149, F 3

4500 Einwohner

Stadtplan ▸ S. 79

Trotz der geringen Größe bietet San Sebastián eine gewisse Urbanität mit guten Einkaufsmöglichkeiten, großzügigen Plätzen, netten Lokalen und einem gepflegten Park. Überall wandelt man auf den Spuren von Christoph Kolumbus, dem berühmtesten Besucher. Auf drei seiner Reisen machte er in San Sebastián Station, angeblich weil ihn eine Liebesbeziehung mit der damaligen Inselherrin Beatriz de Bobadilla verband. Selbstverständlich wusste er auch den sicheren Ankerplatz zu schätzen, der die europäischen Siedler im 15. Jh. veranlasst hatte, die Stadt an dieser Stelle zu gründen. Die schütter von kaktusähnlichen Wolfsmilchgewächsen bestandenen Hänge beidseitig der Stadt lassen kaum erahnen, dass sich im Hinterland eine fruchtbare Oasenlandschaft erstreckt, in der Obst und Gemüse üppig gedeihen.

HAFEN

Idealer geht es kaum. Im überschaubar großen Hafen von San Sebastián de La Gomera, der eher selten von Kreuzfahrtschiffen angelaufen wird, sind die Wege nicht weit. Nach 500 m, am Jachthafen und der dortigen Ladenzeile vorbei, ist schon die weitläufige Plaza de Las Américas vor dem Stadtzentrum erreicht. www.puertosdetenerife.org

SEHENSWERTES

Casa de la Aguada ▸ S. 79, b 2

Im Innenhof des alten Zollhauses ist der Brunnen zu besichtigen, aus dem Christoph Kolumbus Wasservorräte für die Überfahrt geschöpft haben soll – der **Pozo de Colón**. Eine Ausstellung befasst sich mit Kolumbus' erster Atlantiküberquerung 1492, zeigt Seekarten und alte Stiche von San Sebastián.

C. Real 4 • Mo–Sa 9–13.30 und 15.30–18 (Sommer bis 17), So 10–13 Uhr, feiertags geschl. • Eintritt frei

Iglesia de la Asunción ▸ S. 79, a 2

Kolumbus soll in der Stadtkirche gebetet haben, bevor er in See stach. Das Hauptportal des Gotteshauses stammt noch vom Beginn des 16. Jh. und ist ein schönes Beispiel für die Atlantische Gotik, einen auf den Kanaren und auf Madeira in der Zeit der Entdeckungsfahrer üblichen Baustil. Im Kircheninneren fällt neben dem spätbarocken Hauptaltar, der 1807 entstanden ist, vor allem die prächtig verzierte Capilla Virgen del Pilar ins Auge, wo ein

Fresko die Abwehr eines englischen Flottenangriffs auf San Sebastián im Jahr 1743 dokumentiert.

C. Real • tgl. geöffnet

Torre del Conde   ▸ S. 79, a 2

In dem spätmittelalterlichen Wehrturm, der Mitte des 15. Jh. entstand und den einzigen seiner Art auf den Kanaren darstellt, verschanzte sich die Familie der spanischen Grafen (»condes«) von La Gomera immer wieder bei Aufständen der indigenen Bevölkerung. Heute beherbergt der Turm eine Ausstellung zur Militärgeschichte La Gomeras und zeigt historische Landkarten und Pläne.

Parque de la Torre del Conde
– Turm: Mo–Fr 10–13 und 16–19 Uhr • Eintritt frei
– Park: tgl. 9–20 (im Sommer bis 21) Uhr • Eintritt frei

MUSEEN

Museo Arqueológico de La Gomera (MAG)   ▸ S. 79, b 2

Ein vornehmes Stadthaus aus dem 18. Jh. wurde zum Archäologischen Inselmuseum umgestaltet. Im Innenhof und in mehreren kleinen Sälen erläutern diverse Exponate und Schautafeln Lebensweise und Kultur der indigenen Bevölkerung. Auch sind interessante Proben der Pfeifsprache El Silbo zu hören.

C. Torres Padilla 8 • Di–Fr 10–18 (Juni–Sept. Di–Fr 10–19), Sa und So 10–14 Uhr • Eintritt frei

STRAND

Playa de la Cueva   ▸ S. 79, c 2

Der schönere, allerdings der Brandung etwas stärker ausgesetzte der beiden Strände von San Sebastián liegt, von der Stadt durch einen Bergrücken getrennt, unmittelbar nordöstlich vom Hafen. Landeinwärts begrenzt eine steile Felswand die sandige, von Palmen und einer kurzen Promenade gesäumte Playa.

SPAZIERGANG

Stadtplan ▸ S. 79

Um San Sebastián zu Fuß zu erkunden, starten Sie an der **Plaza de Las Américas.** Ein Fußbodenmosaik an der dortigen Meerespromenade bildet die Fahrt der Kolumbusflotte 1492 nach Amerika ab. An die Promenade grenzt die **Playa de San Sebastián,** ein sandiger, familienfreundlicher Strand im Hafenbereich. Überqueren Sie nun diagonal die Plaza de Las Américas, um zur benachbarten, schattigen **Plaza de la Constitución** zu gelangen, wo sich die Einheimischen gern auf einen Kaffee im Kiosco Las Carabelas treffen. Dort beginnt bei der Casa de la Aguada die **Calle Real** (auch Calle del Medio), die Prachtstraße von San Sebastián, an der sich wunderschön restaurierte Paläste und Bürgerhäuser reihen. In vielen sind heute Geschäfte oder Restaurants untergebracht. Sobald Sie den Vorplatz der Iglesia de la Asunción passiert haben, erhebt sich rechter Hand die **Casa de Colón** (Haus Nr. 56), wo der Überlieferung nach Christoph Kolumbus untergebracht war, wenn er sich auf La Gomera aufhielt. Wenig weiter befindet sich, ebenfalls auf der rechten Seite, die winzige **Ermita de San Sebastián,** die älteste, schon Mitte des 15. Jh. gegründete Kirche der Stadt. Gehen Sie nun auf der Calle Real zurück und biegen Sie rechts in die kurze Fußgängerzone **Calle República de Chile** ein. Diese führt Sie zum Nordrand des **Parque de la Torre del Conde,** des sehr ge-

pflegten und mit vielerlei exotischen Gewächsen bepflanzten Stadtparks, in dem der gleichnamige Turm emporragt. Wenn Sie den Park an seiner meerwärtigen Südseite verlassen, gelangen Sie nach links sogleich wieder zur Plaza de Las Américas.
Dauer: 1 Std.

ESSEN UND TRINKEN

El Charcón   ▸ S. 79, a 3

Höhlenrestaurant • In einer Grotte hinter der Playa de la Cueva hat sich das originelle Lokal eingerichtet. Es serviert seinen Gästen kreative Küche mit frischen Produkten.
Paseo Marítimo La Cueva • Tel. 9 22 14 18 98 • Di–Sa 13–16 und 19.30–23 Uhr • €€

Cuba Libre   ▸ S. 79, b 2

Wichtigster Treff im Ort • Unter hohen Palmen lassen sich Einheimische wie auch Besucher hier gern auf einen karibischen Cocktail oder frisch gepressten Fruchtsaft nieder.
Pl. de Las Américas 18 • Tel. 9 22 14 11 32 • tgl. 9–1 Uhr • €

El Pajar   ▸ S. 79, a 2

Familiäres Ambiente • Angenehmes Lokal in einem luftigen Innenhof. Was aus der Küche kommt, schmeckt authentisch, was viele Stammgäste zu schätzen wissen. Bestes Preis-Leistungs-Verhältnis.
C. de Ruiz de Padrón 26 • Tel. 9 22 87 03 55 • Di–So 13–16.30 und 18–24 Uhr • €

EINKAUFEN

Artesanía Santa Ana   ▶ S. 79, b 2

Der kleine Laden bietet eine nette Auswahl an Kunsthandwerk von La Gomera, etwa Stickereien oder Keramik, die sich auch wunderbar als Souvenir eignen. Eingerichtet in einem Haus, das 1535 errichtet wurde und ehemals als Kapelle fungierte. C. Real 41

Mercado Municipal   ▶ S. 79, a 2l

In der Markthalle von San Sebastián offerieren mehrere Stände Feinkost, die aus inseleigener Produktion stammt: Palmhonig (herbsüßer Sirup der Kanarischen Palme), »almogrote« (pikanter Brotaufstrich mit Ziegenkäse), exotische Marmeladen, etwa mit Papaya oder Datteln, sowie diverse Sorten der kanarischen Würzsoße »mojo«.
Av. de Colón • Mo–Fr 8–14 und 17–20.30, Sa 8–14 Uhr

SERVICE
AUSKUNFT

Oficina de Turismo   ▶ S. 79, b 2

C. Real 4 • Tel. 9 22 14 15 12 • www.lagomera.travel • Mo–Sa 9–13.30 und 15.30–18 (Sommer bis 17), So 10–13 Uhr

Ausflüge

◉ **Agulo**   ▶ S. 149, D 1

700 Einwohner

Malerisch liegt die Kleinstadt Agulo hoch über der Küste in einem Talkessel, den eine steile rote Felswand landeinwärts begrenzt. Etwas abseits befindet sich der stille alte Ortskern **Las Casas** mit den Palästen der ehemaligen Großgrundbesitzer des Inselordens und der eigenwilligen **Iglesia San Marcos Evangelista** (1911–1923), von den Einheimischen auch »La Mezquita« (Moschee) genannt, wegen ihrer arabisch anmutenden Architektur.
24 km nordwestl. von San Sebastián de La Gomera

SEHENSWERTES

Juego de Bolas

Das **Besucherzentrum des Nationalparks Garajonay** (▶ S. 82) informiert mit einer interessanten Ausstellung über Geologie, Flora und Fauna des Lorbeerwaldgebiets, das sich im Inselinneren erstreckt. Rund um das gutshofartige Gebäude wurde ein botanischer Garten mit einheimischen Pflanzenarten angelegt.
La Palmita (10 km südwestl. von Agulo) • tgl. 9.30–16.30 Uhr • Eintritt frei

---

MERIAN-Tipp

GALERÍA DE ARTE LUNA
▶ S. 79, b 2

Das Haus aus dem 17. Jh. in der Vorzeigestraße von San Sebastián ist ein Hingucker mit seiner gelben Fassade, den grünen Fensterrahmen und dem Mondsichellogo. Mehrere kanarische Künstler zeigen und verkaufen in der Galerie ihre Werke, speziell Guido Kolitscher (geb. 1950), der aus Wien stammt und auf La Gomera lebt. Kolitscher befasst sich mit verschiedenen Radierungstechniken. Gern arbeitet er mit zahlreichen Farbschichten auf Eisenplatten, beliebte Motive sind Inselszenen. Unbedingt einen Blick in den üppig begrünten Innenhof werfen.
San Sebastián de la Gomrea, C. Real 28 • www.galerialuna.com

Das 3D-Modell von La Gomera im Besucherzentrum des Nationalparks Garajonay (▸ S. 80) zeigt sehr anschaulich die besondere Geologie und Topografie der Insel.

◎ Hermigua   ▸ S. 149, D 2
2200 Einwohner

Die Häuser von Hermigua reihen sich 4 km entlang der Hauptstraße, die ein fruchtbares Tal mit Bananenplantagen durchzieht. Nur um die Hauptkirche im Ortsteil El Curato ist ein Zentrum zu erahnen. Idyllisch präsentiert sich das Viertel El Convento im oberen Tal, rund um ein ehemaliges Dominikanerkloster.
20 km nordwestl. von San Sebastián de La Gomera

MUSEEN
Museo Etnográfico de La Gomera (MEG)

Die Sammlung vermittelt ein Bild von der Alltagskultur vergangener Zeiten. Thematisiert werden Handwerkskünste, Fischerei, Viehzucht und Weinherstellung sowie die weltweit einzigartige Pfeifsprache El Silbo, die Sprache der indigenen Bevölkerung, und die inseltypische Palmhoniggewinnung.
Carretera General 97 • Di–Fr 10–18, Sa und So 10–14 Uhr • Eintritt frei

ESSEN UND TRINKEN
Café-Bar Pedro

Pflichtstation • Wer in den Inselnorden fährt, kehrt bei Pedro ein. Kultige Terrasse, hervorragende Tapas.
Carretera General 56 • Tel. 9 22 88 09 91 • tgl. 8–24 Uhr • €

EINKAUFEN
Molino de Gofio

Das Kunsthandwerkszentrum, untergebracht in einem schönen alten Landhaus, bietet vielen Ortsbewohnern Beschäftigung. Charakteristisch ist die Weberei, die an alten Webstühlen demonstriert wird. Mit kleinem Museum und Shop.
Carretera General 35 • Mo–Sa 10–17, So 10–14 Uhr • Eintritt frei

Palmen, grüne Terrassenfelder, üppige Gärten und strahlend weiße Häuser zieren das »Tal des Großen Königs« – Valle Gran Rey (▶ S. 83).

◎ Parque Nacional de Garajonay 5 ▶ S. 148, C 2

Im Inneren von La Gomera erstreckt sich ein riesiger, dschungelähnlicher Lorbeerwald (»laurisilva«), der als Nationalpark mehr als zehn Prozent der Inselfläche umfasst. Oft sitzt ihm eine Wolkenkappe auf. Über das Kerngebiet hinaus stehen auch die trockeneren Randbereiche unter Schutz, auf denen »fayal-brezal« gedeiht, eine Waldformation aus Gagelbaum und Baumheide.

Ca. 20 km westl. von San Sebastián de La Gomera

SEHENSWERTES

Laguna Grande 👥

Eine mystische Atmosphäre umgibt den flachen Vulkankrater, der sich nach starken Regenfällen für wenige Tage mit Wasser füllt. Die indigene Bevölkerung brachte hier vermutlich ihrer Gottheit Opfer dar.

Daran erinnert ein Menhir in der Mitte der Lagune. Die Lichtung füllt sich am Wochenende mit Familien, die hier einen großen Abenteuerspielplatz und Picknicktische vorfinden. Am benachbarten Informationszentrum (tgl. 8.30–15.30 Uhr, im Winter z.T. am So geschl.) beginnt ein lauschiger Lorbeerwald-Naturlehrpfad, für den man etwa eine halbe Stunde benötigt.

Los Roques

Von einem Aussichtspunkt im Osten des Nationalparks sind mehrere bizarre Felsformationen auszumachen, allen voran der zuckerhutförmige **Roque de Agando**. Bei Los Roques handelt es sich um die Füllungen ehemaliger Vulkanschlote, deren festes Gestein der Verwitterung trotzte, während Niederschläge die äußeren Ascheschichten des Vulkans längst fortspülten.

ESSEN UND TRINKEN
La Laguna Grande

Ausflugslokal • Im Speisesaal wird Traditionsküche aufgetischt, an der Bar gibt es Tapas und Kuchen.
Tel. 9 22 69 70 70 • www.laguna-grande.es • Juli–Sept. tgl. 8.30–22.30, Okt.–Juni Mi–Mo 8.30–22.30 Uhr • €€

◎ Valle Gran Rey   ▸ S. 148, A 3
5200 Einwohner

In dem grandiosen, mit Palmen bestandenen und von hohen Felswänden flankierten Tal ist das Flair der Hippies zu spüren, die in den 1970er-Jahren diesen entlegenen Flecken für sich entdeckten. Boutiquen mit alternativer Sommermode verlocken im verwinkelten Hafenviertel **Vueltas** zum Stöbern. Am schönsten Strandabschnitt beim Ortsteil **La Playa** lädt eine von Cafés gesäumte Uferpromenade zum Schlendern ein. Etwas landeinwärts liegt das malerische weiße Dorf **La Calera**.
46 km westl. von San Sebastián de La Gomera

ESSEN UND TRINKEN
El Puerto

Klassisch für Fisch • Alteingesessenes, geräumiges Hafenlokal, das den frischen Fang verarbeitet.
Vueltas, C. Las Vueltas 1 • Tel. 9 22 80 52 24 • tgl. 13–15.45 und 18.30–22 Uhr • €€

Casa María

Eine Legende • María betrieb vor Jahrzehnten die erste Touristenpension im »Valle«. Die bodenständige Küche des Lokals ist (fast) Nebensache. Hierher kommt man, um zu sehen und gesehen zu werden.

La Playa, Av. Marítima 8 • Tel. 9 22 80 50 47 • €

Zumería Carlos

Szene-Bar • Hier treffen sich alle, die dazugehören wollen. Kreativ belegte Toast-Spezialitäten, Riesenauswahl an frischen Fruchtsäften.
La Calera, C. El Caidero 18 • Mo–Fr 8.30–18, Sa 8.30–16 Uhr • €

EINKAUFEN
Algo diferente 👕👕

Die Boutique vertreibt die begehrten T-Shirts, Taschen und Mützen mit dem Gecko, dem Gomera-Logo mit Kultstatus.
Borbalán, Av. del Llano • www.algo-diferente.com • Mo–Fr 10–13.30 und 17–20.30, Sa 10–13.30 Uhr

Finca Ecológica Lomo del Riego 🌿

Der kleine Bio-Bauernhof, der sich neben dem Busbahnhof befindet, verkauft Obst direkt aus der Plantage und andere ökologisch produzierte Lebensmittel.
La Calera, C. Lomoriego • Mo–Fr 9–13 und 16.30–19.30, Sa 9–13 Uhr

SERVICE
AUSKUNFT
Oficina de Turismo

La Playa, C. La Noria 2 • Tel. 9 22 80 54 58 • www.lagomera.travel • Mo–Sa 9–13.30 und 15–18, So 10–13 Uhr

---

WUSSTEN SIE, DASS ...

... nicht etwa La Palma, sondern La Gomera die palmenreichste Insel des Archipels ist? Bei einer »Volkszählung« wurden hier rund 200 000 Exemplare der Kanarischen Dattelpalme ermittelt.

Im Fokus

Tierwelt des Ozeans Nur wenige
Meeresregionen weisen eine so spektakuläre Fauna auf wie die Gewässer rund um die Kanarischen Inseln.

Die Tierwelt in den Gewässern rund um die Kanaren lässt sich bequem von Bord eines Schiffes beobachten. Von den rund 85 bekannten Wal- und Delfinarten wurden schon 27 gesichtet. Immer neue kommen hinzu, denn die Großsäuger sind wanderlustig und ziehen im ganzen Atlantik umher. Ein Fernglas im Gepäck lohnt sich.

Wale und Delfine

Die häufigste Walart in den Gewässern rund um die Kanaren ist der Pilotwal. Im Süden von Teneriffa leben etwa 500 Exemplare, und auch an La Gomeras Südküste halten sich immer etliche Exemplare auf. Vor Madeira zeigt sich eher der an seiner Blaswolke zu erkennende Pottwal. Außerdem werden regelmäßig Finnwale (mit 25 m die zweitlängsten Wale der Welt), Seiwale und Brydewale gesichtet. Öfter noch bekommt man allerdings Delfine zu Gesicht, etwa den Gemeinen Delfin oder den Großen Tümmler. Letzterer gilt als besonders intelligent und durfte deshalb den »Flipper« der gleichnamigen Fernsehserie spielen. Delfine sind neugierig und tanzen oft über die Heckwellen der Schiffe.

Zwar ist der eine oder andere Meeressäuger auch von Bord eines Kreuzfahrtschiffes auszumachen, ein direkteres Erlebnis bietet allerdings eine spezielle Walbeobachtungsfahrt mit einem kleineren Boot. Das i-Tüpfel-

◄ Delfintour (▶ S. 85) in den Gewässern rund um die Kanarischen Inseln.

chen dabei ist oft die Sichtung einer Meeresschildkröte, meist der Unechten Karettschildkröte. Die Tiere treiben gern, sich sonnend, einfach auf dem freien Wasser. Ihre Eier legten sie bis vor einigen Jahrzehnten an den langen Sandstränden der Kanaren ab. Plündern der Gelege und andere Störungen waren für ihr Verschwinden verantwortlich. Heute vermehren sie sich nur noch auf den Kapverdischen Inseln, schwimmen aber als erwachsene Tiere durch den ganzen Atlantik. Auf Fuerteventura läuft jetzt ein Projekt zur Wiederansiedlung.

Bedrohung und Schutz

Der Fang des Pottwals wurde von Madeira aus bis 1982 betrieben, allerdings nicht industriell, sondern mit kleinen Ruderbooten. Die Zahl der erlegten Tiere war verhältnismäßig gering. Internationale Naturschützer kämpften für die Einstellung des blutigen Geschäfts. Seither erstreckt sich rings um die Insel eine Schutzzone. Auch vor den Kanaren gibt es spezielle Schutzgebiete, etwa für den Großen Tümmler an der Küste Fuerteventuras. Heute lauern nicht mehr die Jäger, sondern es drohen ganz andere Gefahren. Nicht wenige Wale und Delfine kollidieren mit Schiffen. In die Kritik gerieten deswegen vor allem die mit Jetantrieb ausgestatteten, innerkanarischen Schnellfähren. Jetzt sollen sie die bevorzugten Aufenthaltsorte der Meeressäuger umfahren. Auch Pestizide und Schwermetalle im Meerwasser machen Walen und Delfinen zu schaffen. Nicht zuletzt gerieten die Walbeobachtungsfahrten in Verruf, denn nicht selten wurde viel zu nah an die Walherden herangefahren. Inzwischen sind die Veranstalter zur Einhaltung eines Verhaltenskatalogs verpflichtet, und ein ausgebildeter Walführer muss an Bord sein.

Wilde Inseln

An der Schifffahrtsroute von Teneriffa nach Madeira liegen die Ilhas Selvagens (»wilde Inseln«). Die unbewohnten Felsklippen sind ein Paradies für Seevögel. Ab März nisten dort etwa 19 000 Paare der Weißgesicht-Sturmschwalbe. Der Gelbschnabel-Sturmtaucher hat hier mit 13 000 Paaren seine größte Brutkolonie im Atlantik. Auch andernorts brüten Seevögel in großer Zahl, etwa auf den Vogelschutzinseln Montaña Clara und Alegranza nördlich von Lanzarote oder auf dem Ilhas Desertas bei Madeira. Der Fischadler nistet auf Teneriffa und wird auch auf Lobos gesichtet, einer Insel vor Corralejo (Fuerteventura).

INFORMATIONEN
AUSFAHRTEN ZUM »SANFTEN« WHALEWATCHING ❧
Oceano La Gomera
Der Veranstalter auf La Gomera arbeitet mit M. E. E. R. e. V. und Volker Boehlke zusammen, dem Autor des Führers »Wale und Delfine bei den Kanarischen Inseln« (im Buchhandel vor Ort). Valle Gran Rey, C. Quema 7 • www.oceano-gomera.de

Rota dos Cetáceos, Madeira
Mit der Familie des letzten Walfängers auf Madeira die Riesen des Meeres beobachten. Ausfahrten per Schlauchboot oder Motorkatamaran in Begleitung eines Meeresbiologen. Funchal, Marina Shopping Center, Ladenlokal 230 • www.rota-dos-cetaceos.pt

La Palma »La isla bonita«, die hübsche Insel,
trumpft mit spektakulären Steilküsten und üppig grünem
Pflanzenkleid auf. Ein Ziel des Massentourismus ist das
Eiland nie geworden, viel Ursprünglichkeit blieb bewahrt.

◄ Steile Felswände, enge Schluchten, lichte Wälder: Die Caldera de Taburiente (▶ S. 91) ist ein Wanderparadies.

Während im feuchten Nordosten ein dschungelähnlicher Lorbeerwald die Szenerie beherrscht, legen sich ansonsten lichte Kiefernwälder wie ein Gürtel um die Insel. Im Gebirge ragen Vulkankegel und schroffe Felskämme auf, gekrönt von den weiß leuchtenden Teleskopen der größten Sternwarte Europas. Die Bauern leben von Bananen- und Weinbau oder bewirtschaften Mandelplantagen. Viele deutsche Aussteiger leben auf La Palma und gestalten das Inselleben entscheidend mit.

Santa Cruz de La Palma ✹ ⑥
▶ S. 150, C 2

14 000 Einwohner
Stadtplan ▶ S. 89

Die vielleicht schönste Stadt der Kanaren schmiegt sich reizvoll an einen steilen Küstenhang und gefällt durch ihre harmonische Bebauung. Aus der Zeit nach der Conquista, als der Hafen als Drehscheibe des Atlantikhandels fungierte, blieben prächtige Kirchen, Klöster und Paläste. Dennoch wirkt Santa Cruz keineswegs museal. Im historischen Stadtkern flanieren Einheimische und Besucher, begutachten die Auslagen von Marktständen und die Schaufenster von Boutiquen und machen es sich gern in einem der Straßencafés bequem.

HAFEN

Vom Passagierkai an der Außenmole sind es am Jachthafen mit schicker Laden- und Restaurantzeile vorbei nur etwa 500 m bis zur Plaza de la Constitución am Südrand

der Innenstadt, wo die Fußgängerzone Calle O'Daly und die Avenida Marítima beginnen.
www.puertosdetenerife.org

SEHENSWERTES
Ayuntamiento   ▶ S. 89, a 4

Mit seiner verspielten Fassade zählt das Rathaus von Santa Cruz zu den schönsten Bauten im Platereskstil (einer spanischen Variante der Renaissance) auf den Kanarischen Inseln. Zur Erbauungszeit um 1560 regierte in Spanien König Philipp II. aus dem Hause Habsburg. Sein Wappen mit dem doppelköpfigen Adler schwebt über dem Eingang. Es ist erlaubt, einen Blick in das Treppenhaus zu werfen, wo riesige expressionistische Wandgemälde von Mariano de Cossío (1892–1960) Alltagsszenen vom Beginn des 20. Jh. zeigen.
Pl. de España • Mo–Sa 8–13 Uhr

Iglesia de El Salvador   ▶ S. 89, a 4

Nach Brandschatzung durch französische Korsaren im Jahre 1553 entstand die Hauptkirche fast völlig neu. Bemerkenswert sind das stilreine Renaissanceportal sowie die im südspanischen Mudéjarstil geschnitzte Holzdecke im Inneren, die wohl schönste überhaupt auf den Kanaren. Die gotische Sakristei stammt noch von der ursprünglichen Kirche.
Pl. de España • tgl. 9.30–13 und 17.30–19.30 Uhr

Mirador de La Concepción

Der Aussichtspunkt thront auf einem Kraterrand und bietet den besten Blick über die Stadt. Längst hat die Brandung den meerwärtigen Teil des ehemaligen Vulkans fortgespült. Die verbliebene Steilwand mit den

Resten des Kraters ist heute Naturschutzgebiet. Neben dem Mirador steht die **Ermita de Nuestra Señora de La Concepción**, eine typisch palmerische Landkirche.

1 km südwestl. von Santa Cruz de La Palma

Real Santuario de Nuestra Señora de Las Nieves ▶ S. 89, b 1

Die Wallfahrtsstätte liegt hoch oberhalb von Santa Cruz. Nachweislich gab es hier schon 1517, nur wenige Jahre nach der Conquista, ein erstes Heiligtum für die »Jungfrau vom Schnee«. Ihr Kult geht auf eine Legende zurück, wonach es im 4. Jh. mitten im Sommer in Rom schneite. Auf La Palma soll die Madonna 1676 eine schlimme Dürre beendet haben. Seither steht ihr Bildnis alle fünf Jahre im Sommer im Mittelpunkt wochenlanger Feierlichkeiten, der berühmten »bajada« (nächster Termin 2015). Der heutige barocke Kirchenbau wurde 1740 fertiggestellt. Die Marienstatue sitzt auf einem vierstufigen Altar aus reinem Silber, in wechselnde Brokatgewänder gehüllt, die dicht mit Gold und Edelsteinen besetzt sind – gestiftet von Gläubigen.

Pl. de Las Nieves (3 km nordwestl. von Santa Cruz de La Palma) • tgl. 8.30–20 Uhr

MUSEEN

Museo Insular de La Palma
▶ S. 89, b 1

Im ehemaligen Franziskanerkloster, einem großzügigen Bau mit zwei Kreuzgängen, widmet sich das Museum einer bunten Auswahl an Inselthemen: Malerei, Naturhistorie, Handwerk, bäuerliche Kultur und Kirchenkunst. Besonders interessant ist eine Ausstellung zur Seidenherstellung, die – einzigartig für Europa – bis heute in El Paso auf La Palma praktiziert wird.

Pl. de San Francisco 3 • Juli–Sept. Mo–Sa 10.30–19.30, So 10–14, Okt.–Juni Mo–Sa 10–20, So 10– 14 Uhr • Eintritt 4 €, Kinder frei

Museo Naval ⚲⚲ ▶ S. 89, b 1

Den originellen Rahmen für ein kleines Seefahrtsmuseum bildet der **Barco de La Virgen**, ein Nachbau der Kolumbus-Karavelle »Santa María«. Aus Beton gegossen, wirkt das Schiff durch seine – Holzplanken imitierende – Bemalung täuschend echt. Man kann an Deck herumspazieren und in den Kajüten Schiffsmodelle bewundern.

Pl. de la Alameda • Mo–Fr 10– 14 Uhr • Eintritt 3 €, Kinder 1,50 €

STRAND

Playa de Bajamar ⚲⚲
▶ S. 89, südl. b 4

In Fußgängerentfernung, etwa zehn Minuten vom Passagierkai entfernt, liegt südlich des Hafens ein 700 m langer, dunkelsandiger Strand. Er ist gepflegt und gut gegen Wellen und Strömungen geschützt, grenzt allerdings landeinwärts unmittelbar an die Küstenstraße.

SPAZIERGANG

Stadtplan ▶ S. 89

Laufen Sie von der **Plaza de la Constitución** zunächst durch die historische Prachtstraße der Stadt, die von vornehmen Palästen gesäumte **Calle O'Daly**. Besondere Beachtung verdient der **Palacio Salazar** (Haus Nr. 22) mit seiner Natursteinfassade aus dem 17. Jh., der dreistöckigen Holzgalerie im Innenhof und dem

Santa Cruz de La Palma

öffentlich zugänglichen Prunksaal in der ersten Etage. Dann erweitert sich die Straße zur lebhaften **Plaza de España**. Ihre Dreiecksform gilt als einmalig im Archipel. Am Renaissancebrunnen **La Pila** (1588) schöpften die Bürger früher ihr Trinkwasser. Ein Denkmal erinnert an den Pfarrer Manuel Hernández Díaz aus Santa Cruz, der 1820 für die erste liberale Verfassung in Spanien eintrat. Neben Rathaus und Hauptkirche zieht die **Casa Monteverde** die Blicke auf sich. Der ursprünglich zweigeschossige Palast mit typisch kanarischem Holzbalkon erhielt zu Beginn des 20. Jh. ein originelles Jugendstildachgeschoss. Im weiteren Verlauf der Calle O'Daly und ihrer Fortsetzung, der Calle Pérez de Brito, entstanden die Häuser erst nach einem schweren Brand 1770. Dann ist die **Placeta de Borrero** erreicht, der wohl idyllischste Platz der Stadt. Spätestens hier bietet es sich an, eine Pause in einem Café einzulegen oder in den Souvenirläden zu stöbern. Anschließend geht es durch die Calle Pérez de Brito weiter und dann links in die Calle Baltasar Martín, auf der man sogleich zur stillen **Plaza de San Francisco** mit dem ehemaligen Franziskanerkloster (heute Museo Insular) gelangt. Hier leuchten das ganze Jahr über die feuerroten Blüten der Tulpenbäume. Eine Gasse führt zur **Plaza de La Alameda**. Hier flanieren die Einheimischen und gönnen sich einen Kaffee im zentralen Kiosco. Am Südrand des geräumigen Platzes erinnert ein Holzkreuz an die Stadtgründung am 3. Mai 1493. Wenden Sie sich nun in Richtung Meer, zur **Avenida Marítima**, wo die Festung **Castillo de Santa Catalina** Santa Cruz jahrhundertelang gegen Überfälle von See her schützte. Laufen Sie jetzt an der Küste entlang südwärts. Unterwegs treffen Sie auf die be-

rühmten **Casas de los Balcones** (Balkonhäuser). Die Paläste aus dem 16./17. Jh. besaßen auf ihrer Rückseite zum Meer hin Vorratsräume, die dank aufwändig geschnitzter Holzveranden vor der Sonne geschützt und doch zugleich luftig waren. An Restaurants und Cafés vorbei gelangen Sie zurück zum Hafen. Dauer: 1,5 Std.

ESSEN UND TRINKEN

The Lab beach   ▸ S. 89, b 2

Gourmet-Adresse · Dem preisgekrönten Küchenchef Jorge Bosch gelingt eine Fusion aus palmerischer und japanischer Küche, nach Möglichkeit mit Zutaten aus biologischem Anbau. In einem alten, stylish dekorierten Stadthaus.
Av. Marítima 55 • Tel. 9 22 08 83 00 • Di–So 10–2 Uhr, Mo geschl. • €€€

La Placeta   ▸ S. 89, b 3

In bester Lage · Ein Dauerbrenner in der Gastronomieszene von Santa Cruz. Unten schicke Tapas-Bar mit vielen Tischen draußen auf dem Platz, oben feines Restaurant. Kreative Küche, auch vegetarisch.
Placeta de Borrero 1 • Tel. 9 22 41 52 73 • www.laplaceta.es • Mo–Do 13–23, Fr und Sa 13–23.30 Uhr • €€

Parrilla Las Nieves

Familiär und bodenständig · Das geräumige Grillrestaurant gilt unter Palmeros als bester Ausflugstipp weit und breit. Spezialität ist Schweinefleisch, über dem Holzfeuer gegart.
Pl. de Las Nieves 2 (3 km nordwestl. von Santa Cruz de La Palma) • Tel. 9 22 41 66 00 • www.barlasnieves. com • Fr–Mi 12.30–16.30 und 19.30–23.30 Uhr • €

MERIAN-Tipp   ✡ **6**

MERCADO LA RECOVA

▸ S. 89, a 3

Gemeinsam mit den Palmeros einkaufen, das bereitet in der Markthalle von Santa Cruz de La Palma besondere Freude. Ist sie doch schon wegen ihrer schönen Jugendstilbauweise mehr als nur einen Blick wert. Innen fällt durch eine Glaskuppel Licht auf die bunten Auslagen der Stände: tropische Früchte aus Inselanbau, etwa Mangos oder natürlich Bananen, dazu exotische Gewürze, Oliven, pikantes Essiggemüse.
Santa Cruz de la Palma, Av. del Puente 16 • www.santacruzdela palma.es/larecova • Mo–Fr 7–14, Sa 7–15 Uhr

Die Skulptur »El Enano« (Zwerg) begrüßt den Besucher des Museo Naval (▸ S. 88), das in einem Nachbau der Kolumbus-Karavelle »Santa María« untergebracht ist.

EINKAUFEN

CEVA Palacio Salazar   ▸ S. 89, a 4

Im Eingangsbereich des ehrwürdigen Palastes befindet sich die offizielle Inselverkaufsstelle für Kunsthandwerk (etwa Stickerei, Keramik, Korbwaren) mit kleiner Ausstellung. C. O'Daly 22 • Sommer Mo–Fr 8–14, Winter Mo–Fr 10–13.30 und 17–19.30 Uhr

Chayota 🌿   ▸ S. 89, b 2

Der Bioladen verkauft Naturkosmetika, Kleidung und Schmuck aus natürlichen Materialien sowie zertifizierte Öko-Lebensmittel, großenteils von La Palma. Als Mitbringsel sind besonders interessant: Mandeln, Salinensalz aus Fuencaliente und der Inselhonig, etwa von Stephan Braun aus Garafía, der sich um Schutz und Rückzucht einer bodenständigen Bienenrasse bemüht. C. Pérez de Brito 36 • www.chayota.es

SERVICE

AUSKUNFT
Oficina de Información Turística
▸ S. 89, südl. a 4

Pl. de la Constitución • Tel. 9 22 41 21 06 • www.lapalmaturismo.com • Mo–Fr 9–14 und 16.30–19.30, Sa, So und feiertags 9–14 Uhr

Ausflüge
◎ Caldera de Taburiente
▸ S. 150, B/C 2

Bis über 2000 m hohe Felswände umgeben den riesigen Kessel im Zentrum der Insel. Die indigene Bevölkerung nutzte ihn als natürliche Festung im Kampf gegen die Spanier. Heute ist das als Nationalpark ausgewiesene Gebiet ein Paradies für Wanderer. Wer wenig Zeit mitbringt, kann vom Bergsattel **La Cumbrecita** einen unvergesslichen Blick in die Caldera und auf den höchsten Berg La Palmas, den Roque de Los Muchachos, mit seinen weißen Teleskopen werfen. Vom Parkplatz läuft man 20 Minuten zur Aussichtskanzel **Lomo de Las Chozas**. In der Regel wird La Cumbrecita im Rahmen eines organisierten Ausflugs besucht, denn die Zufahrt für Mietwagen ist eingeschränkt. Man muss ein Zeitfenster via Internet (www.reservasparquesnacionales.es) reservieren oder mit langen Wartezeiten rechnen, die man im Nationalpark-Besucherzentrum bei El Paso überbrückt.

25 km westl. von Santa Cruz de La Palma

WUSSTEN SIE, DASS …

… es in Spanien ein »Himmelsgesetz« (»ley del cielo«) gibt? Sein Zweck ist die Einschränkung der Lichtquellen auf La Palma und Teneriffa, um den Nachthimmel für astronomische Beobachtungen möglichst dunkel zu halten.

◎ Fuencaliente   ▸ S. 151, F 2
2000 Einwohner

Junge Vulkane umgeben den Ort im Süden von La Palma, der in 650 m Höhe liegt und malerisch von Weinreben gesäumt wird. Die Eruption des Teneguía 1971, einer der Vulkane in der Nähe des Ortes, war die vorerst letzte der Kanarischen Inseln. Ein halbstündiger Spaziergang auf dem Kraterrand des **Volcán de San Antonio** verschafft den besten Eindruck von Lavaströmen und Schlackekegeln. Der Weg ist mautpflichtig (3,50 €, Kinder frei). Nebenan informiert ein Besucherzentrum.

29 km südl. von Santa Cruz de La Palma

EINKAUFEN
Bodegas Carballo

Das Weingut produziert einen süßen Dessertwein aus der Malvasierrebe, die im trockenen Vulkanboden bei Fuencaliente bestens gedeiht. Neben diesem Traditionstropfen sind auch leichtere Tischweine im Angebot.

Carretera de Las Indias 74 • tgl. 11–20 Uhr

◎ Los Tilos   ▸ S. 150, B 2

Im regenreichen Nordosten La Palmas gedeiht der üppigste Lorbeerwald der Kanaren. Das Gebiet von Los Tilos wurde 1983 von der UNESCO als Kernzone eines Biosphärenreservats, das inzwischen die gesamte Insel umfasst, unter Schutz gestellt. Ein Besucherzentrum informiert über Flora und Fauna. An der Infohütte La Portada beginnt ein Naturlehrpfad, der rund zwei Stunden dauert (in der Hochsaison 4 € Mautgebühr).

25 km nördl. von Santa Cruz de La Palma

◎ Mazo   ▸ S. 151, D 2
4900 Einwohner

Sehenswert im Ort sind die auf das Jahr 1512 zurückgehende **Iglesia San Blás** mit einem kunstvoll geschnitzten Altar und die **Casa Roja**, eine stuckverzierte Villa mit Stickereimuseum. Die örtlichen Stickerinnen verkaufen ihre Erzeugnisse auf dem Wochenendmarkt im Obergeschoss der großen Markthalle, der stets zahlreiche Besucher anzieht.

– Stickereimuseum: Mo–Fr 10–14 und 15–18, Sa 11–18, So 10–14 Uhr • Eintritt 2 €, Kinder 0,75 €
– Markthalle: Sa 11–19, So 9–13 Uhr
19 km südl. von Santa Cruz de La Palma

EINKAUFEN
El Molino

La Palmas berühmteste Keramikwerkstatt ist in einer ehemaligen Getreidemühle untergebracht. Betreiber Ramón Barreto und seine Mitarbeiter kopieren mit großem Geschick und unglaublicher Perfektion altkanarische Töpferwaren anhand von Originalfundstücken.

Hoyo de Mazo, Ctra. LP-2 • www. ceramicaramonyvina.com • Mo–Sa 9–13 und 15–19 Uhr

◎ San Nicolás   ▸ S. 151, D 3
600 Einwohner

Die Ortschaft San Nicolás liegt inmitten von sonnenverwöhnten Weinbergen. Berühmt und viel besucht ist der Dorfplatz **La Glorieta** (ausgeschildert ab LP-211 Richtung Todoque), den der palmerische Künstler Luís Morera (geb. 1946 in Santa Cruz) gestaltete. Mit bunten Fliesenmosaiken, die er fantasievoll zu Bänken, Brunnen und Randmauern für Blumenbeete arrangierte, gelang ihm die harmonische Verschmelzung von Kunst und Natur. Gleich nebenan informiert die **Casa Museo del Vino** über den Weinbau und lädt zur Probe ein.

Casa Museo del Vino: Mo–Fr 9.30–13.30, Sa 9.30–14 Uhr
30 km südwestl. von Santa Cruz de La Palma

ESSEN UND TRINKEN
Bodegón Tamanca

Urige Weinstube • In einem alten, aus dem Vulkanberg geschlagenen Kellergewölbe wird der hauseigene Wein (Herkunftsbezeichnung Tamanca) ausgeschenkt. Dazu schmecken einfache Gerichte wie Ziegenkäse oder Fleisch vom Grill.

Carretera LP-2 • Tel. 9 22 49 40 02 • Di–So 11–24 Uhr • €

Mit einfachen Werkzeugen und ganz ohne Töpferscheibe wird in der Keramikwerkstatt El Molino (▸ S. 93) altkanarische Töpferkunst wieder zum Leben erweckt.

Abstecher Madeira
Eine Schiffsreise zu den Kanaren führt häufig auch nach Madeira, der Blumeninsel mit einem Hauch von Südsee, die dem Archipel in vieler Hinsicht ähnlich und doch ganz anders ist.

◄ Einst ein probates Transportmittel, heute eine Touristenattraktion: Korbschlittenfahrt in Monte (▸ S. 99).

Während die Kanaren im 15. Jh. zu Spanien kamen, wurde Madeira von Portugiesen besiedelt. Ähnlich wie Teneriffa entwickelte sich die Insel schon im 19. Jh. zum bevorzugten Winterreiseziel für eine wohlhabende Klientel. Sogar der europäische Hochadel war vertreten, etwa durch Kaiserin Elisabeth (»Sisi«) von Österreich. Bis heute haftet Madeira das Image der Exklusivität an. Aber auch landschaftlich hat die Insel, die wie die Kanaren vulkanischen Ursprungs ist, einiges zu bieten. Dank hoher Niederschläge in den Bergen, die durch Levadas (Wasserkanäle) an die trockene, milde Südküste geleitet werden, gedeiht in den Gärten eine Fülle tropischer Gewächse. Deshalb ist der fast schon überstrapazierte Begriff »Blumeninsel« eben doch gerechtfertigt.

Funchal
125 000 Einwohner
Stadtplan ▸ S. 97
Wunderschön ist Funchal vom Meer her anzusehen. In der weit geschwungenen Bucht stapeln sich Häuser mit leuchtend roten Ziegeldächern die steilen Hänge hinauf bis an einen dunklen Waldrand, über dem in den Mittagsstunden oft Nebel aufzieht, während an der Küste die Sonne scheint. An wolkenfreien Tagen schaut man bis weit ins Inselgebirge hinauf. Funchal ist eine Stadt mit Flair, mit gepflegten Parkanlagen, die alle Blütenträume wahr werden lassen, interessanten Baudenkmälern und lebendiger, kosmopolitischer Atmosphäre.

HAFEN
Kreuzfahrtschiffe legen meist am Cais da Pontinha, der Außenmole, an. Von dort sind es ca. 2 km bis zur Avenida do Mar, Funchals Uferstraße. Meist setzen kleine Barkassen dorthin über (ca. 1,50 € pro Person). Die am Schiff wartenden Taxis fahren nicht gerne in die Stadt, sondern hoffen auf Inselrundfahrten. www.portosdamadeira.com

SEHENSWERTES
Jardim Botánico
▸ S. 97, nordöstl. c 1
Madeiras Botanischer Garten wurde auf dem Gelände eines alten Herrenhauses angelegt, dessen üppiger Park ebenso zu besichtigen ist wie verschiedene Abteilungen, die sich Orchideen, Kakteen und der wilden Inselflora widmen. Wunderbar ist der Blick von der Café-Terrasse.
Caminho do Meio (2 km nordöstl. von Funchal) • tgl. 9–18 Uhr • Eintritt 3 €

Sé Catedral
▸ S. 97, b 2
Um 1500 entstand die Kathedrale als Repräsentativbau, um Seefahrer aller Nationen, die in Funchal Station machten, zu beeindrucken. Die holzgeschnitzte Decke stammt noch aus den Gründungsjahren, sie gilt als schönste ihrer Art in ganz Portugal. Beeindruckend üppig mit Gold verziert sind die Barockaltäre.
Largo da Sé • Mo–Sa 9–11 und 16–17.30 Uhr

The Old Blandy Wine Lodge
▸ S. 97, b 3
Die englischen Winzer, die den Madeirawein früher entscheidend prägten, haben sich zur Madeira Wine Company zusammengeschlossen. Diese betreibt in der histori-

schen Weinkellerei Blandy ein Museum. In den Probierstuben kann man die Weine testen und auch kaufen.
Av. Arriaga • www.madeirawine company.com • Führungen auf Deutsch Mo–Fr 10.30, 14.30 und 15.30, Sa 11 Uhr • Eintritt 5 €

MUSEEN

Madeira Story Centre 👫

▸ S. 97, b 1

Für die ganz Familie spannend präsentiert das interaktiv gestaltete Museum der Inselgeschichte, Hör- und Riechproben inklusive.
Rua de D. Carlos I. 27 • www.story centre.com • tgl. 10–18 Uhr • Eintritt 9,60 €, Kinder 4,80 €

Museo de Arte Sacra ▸ S. 97, b 2

Um das Jahr 1500, als der Zuckerexport nach Antwerpen florierte, gelangten im Gegenzug wertvolle flämische Gemälde nach Madeira. Außerdem werden portugiesische Barockkunst und der Kirchenschatz der Kathedrale gezeigt.
Rua do Bispo 21 • www.museuarte sacrafunchal.org • Di–Sa 10–12.30 und 14.30–18, So 10–13 Uhr • Eintritt 3 €

Quinta das Cruzes ▸ S. 97, a 3

Die Villa geht auf das 15. Jh. zurück, hier lebte der damalige Lehnsherr der Insel. In den Räumlichkeiten sind Mobiliar, Porzellan und Gemälde aus vornehmen Haushalten früherer Zeiten zu sehen. Im prächtigen Garten gedeihen Zierbananen, Drachenbäume und Orchideen. Dazwischen stehen Wappensteine und reich dekorierte Fenster, die ein Privatsammler beim Abriss historischer Gebäude retten konnte. Cafeteria mit Blick über die Innenstadt.
Calçada do Pico 1 • www.museu quintadascruzes.com • Di–So 10–12.30 und 14–17.30 Uhr • Eintritt 2,50 €, So frei

SPAZIERGANG

Stadtplan ▸ S. 97

Hinter der **Marina**, dem Jachthafen von Funchal, erhebt sich der ehemalige Gouverneurssitz **Palácio de São Lourenço**. Bronzekanonen bewachen seine Hafenfassade. Folgen Sie der Avenida do Mar Richtung Westen. Treppenstufen führen zum **Parque de Santa Catarina** hinauf, wo zu jeder Jahreszeit Korallen- und Tulpenbäume feuerrot blühen. Am oberen Rand des Parks gelangen Sie auf die Avenida do Infante, der Sie zurück Richtung Innenstadt folgen. Ihre Verlängerung, die **Avenida Arriaga**, ist der Fußgängerboulevard der Stadt. An ihn grenzt seitlich der **Jardim Municipal**, ein dschungelartiger Stadtpark. Geradeaus sehen Sie schon die **Sé Catedral**. Im Häuserblock rechts davor befinden sich zwei Stickereimanufakturen mit ihren Verkaufsstellen. Im Umfeld der Kathedrale bietet sich eine Pause in einem der Straßencafés an. Dann folgen Sie der Einkaufsstraße Rua do Aljube an einem bunten Blumenmarkt vorbei. Nachdem Sie einen Kanal überquert haben, gehen Sie bei weiteren Blumenständen rechts und gelangen zum **Mercado dos Lavradores**, der umtriebigen Markthalle von Funchal mit einem Riesenangebot an exotischem Obst. Von dort halten Sie sich Richtung Meer und biegen sogleich links in die Rua de Santa Maria und damit in die **Zona Velha** (Altstadt) ein. Kleine Lokale und Geschäfte säumen die Straße. Zweigen Sie vor einer Seilbahn rechts

ab zu deren Talstation in dem modern gestalteten **Jardim do Almirante Reis**. Folgen Sie dann der Uferstraße zurück zum Jachthafen.
Dauer: ca. 2 Std.

WUSSTEN SIE, DASS …

… die Quinta Vigia, in der »Sisi« den Winter 1860/61 verbrachte, nicht mehr existiert? Die Villa wurde in den 1970er-Jahren abgerissen, der Name ging an ein Nachbarhaus über.

ESSEN UND TRINKEN

Marina Terrace　　　► S. 97, c 2

Fangfrischer Fisch • Der Klassiker am Jachthafen überzeugt seit über 20 Jahren. Hier lohnt es sich, »espada« (Degenfisch) zu probieren, die absolute Inselspezialität.
Marina do Funchal • Tel. 2 91 23 05 47 • tgl. ca. 11–22 Uhr • €€

O Regional　　　► S. 97, b 1

Gehobene Inselküche • O Regional ist eines der renommiertesten Altstadtlokale und versorgt seine Gäste

MERIAN-Tipp **7**

CAFÉ DO TEATRO ▶ S. 97, a 2

Im Theatercafé geben sich Politiker, Unternehmer und Intellektuelle ein buntes Stelldichein auf hohem Niveau. Wer in Funchal dazugehören will, lässt sich hier blicken. Man hat die Qual der Wahl zwischen der Terrasse in der Fußgängerzone oder dem lauschigen Innenhof, um in Ruhe einen – übrigens hervorragenden – Kaffee oder ein kleines Mittagsgericht zu genießen. Eilige nehmen auch einfach im Stehen einen Drink im szenig gestalteten Barbereich. Am Wochenende gibt es abends, am Sonntag auch zum Brunch, oft Livekonzerte.

Funchal, Av. Arriaga • Tel. 2 91 22 63 71 • www.cafedoteatro.com • tgl. 10–4 Uhr • €

mit kulinarischen Gaumenfreuden. Empfehlenswerte Gerichte sind etwa Reis mit Meeresfrüchten oder der für Madeira typische »espetada« (Rindfleischspieß).

Rua de D. Carlos I. 54 • Tel. 2 91 23 29 56 • tgl. ca. 12–22 Uhr • €€

EINKAUFEN

Artur de Barros & Sousa

▶ S. 97, a 3

Wie in alten Zeiten reift edler Madeirawein hier noch in dunklen Eichenfässern. Im Shop laden die beiden Winzer höchstpersönlich zur Probe und geben fachkundige Empfehlungen.

Rua dos Ferreiros 109 • www.vinhos madeira.com • Mo–Fr 9–12.30 und 14.30–18 Uhr

Bio-Logos ✤ ▶ S. 97, b 2

Winziger, engagiert geführter Supermarkt mit Öko-Produkten. Besonders empfehlenswert ist der Bienenhonig von Madeira.

Rua Nova de São Pedro 34 • Mo–Fr 10–18 Uhr

Casa do Turista ▶ S. 97, b 3

Trotz des touristisch klingenden Namens eine Top-Adresse für Kunsthandwerk von Madeira und aus Portugal, das in dem schönen alten Stadthaus liebevoll präsentiert wird.

Rua Conselheiro José Silvestre Ribeiro • Mo–Fr 9.30–13 und 14.30–18.30, Sa 9.30–13 Uhr

Fábrica Santo António ▶ S. 97, a 2

Nostalgischer Fabrikverkauf von »bolo de mel« (Honigkuchen), dem traditionellen Weihnachtsgebäck, sowie weiteren süßen Spezialitäten.

Travessa do Forno 27

SERVICE
AUSKUNFT
Posto de Turismo ▶ S. 97, b 2

Av. Arriaga 16 • Tel. 2 91 21 19 02 • www.madeiraislands.travel • Mo–Fr 9–19, Sa, So und feiertags 9–15 Uhr

Ausflüge

◎ **Curral das Freiras**

1700 Einwohner

Das unwegsame »Nonnental« galt den Reisenden des 19. Jh. als Inbegriff der Romantik. Sie kamen zu Pferd oder per Sänfte und beließen es meist beim Blick vom hoch über dem Talkessel schwebenden Aussichtspunkt **Eira do Serrado**. Dieser zieht auch die modernen Touristen in seinen Bann, die nebenan ein regelrechtes Souvenirkaufhaus finden. In den Ort selbst führt mittlerweile ein Tunnel. Von den namensgebenden Nonnen, denen das Tal einst gehörte, blieben Rezepte für Kuchen und Likör erhalten. Diese in mehreren Läden erhältlichen Köstlichkeiten werden traditionell aus Kastanien, Walnüssen und Kirschen hergestellt.

15 km nordwestl. von Funchal

◎ Monte ⭐
7500 Einwohner

Hoch über der Stadt Funchal und mit der Seilbahn erreichbar, ragt die **Igreja Nossa Senhora do Monte** auf. Das Bergheiligtum geht auf eine Marienerscheinung im 16. Jh. zurück. In einer Seitenkapelle wurde der letzte österreichische Kaiser beigesetzt, Karl von Habsburg, der auf Madeira 1922 im Exil verstarb. Unterhalb der Kirche starten die berühmten Korbschlitten, im 19. Jh. von englischen Weinhändlern, die ein Sommerhaus in Funchals Vorort Monte unterhielten, als schnelles Verkehrsmittel in die Stadt erfunden. Heute ist die Schlittenfahrt eine weltweit einmalige und empfehlenswerte Touristengaudi. Vor der Fahrt sollten sich nicht nur Gartenfreunde den **Jardim Tropical Monte Palace** nicht entgehen lassen, einen wunderbaren, weitläufigen Park mit skurriler Dekoration.

– Seilbahn: ab Zona Velha (Funchal), tgl. 9.30–17.45 Uhr • einfache Fahrt 10 €, Kinder 5 €
– Schlittenfahrt: Mo–Sa 9–18, So 9–13 Uhr • pro Schlitten für 2 Pers. 30 €, an der Talstation Stadtbusanschluss
– Jardim Tropical Monte Palace: www.montepalace.com • tgl. 9.30–18 Uhr • Eintritt 10 €

5 km nördl. von Funchal

◎ Porto Moniz
1700 Einwohner

Der Ort im Nordwesten der Insel mit seinen berühmten Felsbadebecken, deren Wasser sich durch die Flut erneuert, ist Ziel organisierter Ausflugsfahrten. Unterwegs wird meist am **Cabo Girão** ein Zwischenstopp eingelegt, einer der höchsten Steilküsten der Welt. Aus 580 m Höhe schaut man senkrecht hinunter zum Meer. Auch der **Paúl da Serra**, eine je nach Wetterlage in dichten Nebel getauchte oder sonnendurchflutete Hochebene, darf im Programm nicht fehlen. Auf der Rückfahrt ist der Aussichtspunkt **Véu da Noiva** an der brandungsumtosten Nordküste eine Pflichtstation.

51 km nordwestl. von Funchal

◎ Santana
3400 Einwohner

Bei der »Osttour«, die vielfach als organisierte Busrundfahrt angeboten wird, geht es über den **Pico do Arieiro** (1818 m) mit Panoramablick über Madeiras Bergwelt zur idyllischen Forellenzucht von **Ribeiro Frio**, die in einen riesigen Urwald aus Lorbeerbäumen eingebettet ist. In Santana selbst stehen noch zahlreiche fotogene, strohgedeckte Häuser, die einst auf der ganzen Insel verbreitet waren.

33 km nördl. von Funchal

EINKAUFEN

Café Relógio
Oft wird auf dem Weg nach Santana auch der Korbflechterort Camacha angefahren. Die Ware wird zentral im Café Relógio vermarktet, immerhin 1300 verschiedene Artikel.

Camacha, Largo da Achada • www. caferelogio.com • tgl. 9–21 Uhr

Abstecher Lissabon
Unter den Kreuzfahrtzielen rund um die Kanarischen Inseln steht Lissabon mit an vorderer Stelle. Portugals quirlige Hauptstadt zählt ohne Zweifel zu den attraktivsten Metropolen der Welt.

◄ Blick vom Castelo de São Jorge
(▶ S. 102) über die Altstadtgassen der
portugiesischen Hauptstadt Lissabon.

Bei Kanarenkreuzfahrten führt häufig ein Abstecher nach Lissabon. Die Stadt liegt nicht unmittelbar am Atlantik. Vielmehr lebt sie von und mit dem Tejo, dem mit 1007 km längsten Fluss der Iberischen Halbinsel, der sich kurz vor der Mündung ins Meer trichterförmig erweitert. Schon in der Antike nutzten die Römer dieses spiegelglatte Gewässer als Ankerplatz. Heute ziehen sich die Hafenanlagen von Lissabon an beiden Flussufern über mehrere Kilometer hinweg.

Lissabon

520 000 Einwohner
Stadtplan ▶ Klappe hinten

Ein nostalgisches Flair besitzen die historischen Stadtviertel am Tejo. Altertümliche Straßenbahnen und Aufzüge erschließen die angrenzenden Hügel. Im maurisch anmutenden Gassengewirr der Alfama und im lebhaften Bairro Alto wird ein Lebensstil gepflegt, der andernorts in Europa längst verloren gegangen ist. Noble Einkaufsmeilen prägen in der Unterstadt, der Baixa, und im Intellektuellenviertel Chiado das Bild. Im Vorort Belém residierten einst die Könige. Aber Lissabon hat auch eine moderne Seite, die etwa im 1998 errichteten EXPO-Park zum Ausdruck kommt.

HAFEN

Die meisten Kreuzfahrtschiffe legen beim Ponte 25 de Abril, einer der beiden Tejo-Brücken, an. Dort befindet sich das moderne Empfangsgebäude Alcântara. Es gibt einen Shuttle-Bus zur Innenstadt für ca. 7 € pro Person. Oder man läuft 0,5 bis 1 km bis zur Haltestelle der Straßenbahn, die ca. alle zehn Minuten Richtung Cais do Sodré (nahe dem Stadtzentrum) verkehrt. Weitere Liegemöglichkeiten bestehen vor dem Altstadtviertel Alfama beim Empfangsgebäude Santa Apolónia (Metro-Anschluss) und östlich davon am Cais do Jardim do Tabaco, wo 2013 ein neues Kreuzfahrtterminal in Betrieb gehen soll. Ein Tagesticket für alle öffentlichen Verkehrsmittel kostet 4,60 €.
www.portodelisboa.com

SEHENSWERTES

Belém 🔴**8** ▶ Klappe hinten, westl. a 6

Hier starteten die Portugiesen im 15. Jh. zu ihren Seereisen nach Madeira und später nach Brasilien und rund um Afrika bis nach Indien. Daran erinnert der **Padrão dos Descobrimentos**, ein 1960 errichtetes Denkmal mit den Skulpturen von Heinrich dem Seefahrer und den Entdeckungsfahrern Vasco da Gama und Bartolomeu Diaz. Der Wachturm **Torre de Belém** sicherte die Hafeneinfahrt. Sein 35 m hohes Flachdach ist heute als Aussichtsplattform zugänglich. Höhepunkt eines Besuchs in Belém ist die Besichtigung des **Mosteiro dos Jerónimos,** des ehemaligen Hieronymitenklosters, dessen Grundstein König Manuel I. 1502 legte. Die aufwändigen Steinmetzverzierungen an den Wänden des Kreuzgangs erzählen von der damaligen Bedeutung Portugals, das den Handel mit Asien kontrollierte und dadurch zu immensem Reichtum kam. Das Kloster, heute Welterbe der UNESCO, gilt als Hauptwerk der Emanuelinik, eines Baustils, der in Portugal den Übergang von der Gotik zur Renaissance markiert.

Torre de Belém und Mosteiro dos Jerónimos (6 km westl. von Lissabon): www.mosteirojeronimos.pt • Mai–Sept. Di–So 10–18.30, Okt.–April Di–So 10–17.30 Uhr • Eintritt 10 € (Kombiticket), 5 € (nur Turm), 7 € (nur Kloster), Kinder frei

---

WUSSTEN SIE, DASS …

…Heinrich der Seefahrer nur einmal in seinem Leben zur See gefahren sein soll, nämlich 1415 nach Nordafrika? Die Entdeckungsfahrten führten Kapitäne seines Vertrauens durch.

Castelo de São Jorge

▸ Klappe hinten, d 4

Die mittelalterliche Burg, heute eine romantische Ruine mit Park, thront über der Altstadt von Lissabon. Der Aufstieg lohnt allein schon wegen des großartigen Blicks von den Wehrmauern. In der weitläufigen Anlage gibt es viel zu entdecken, etwa die ältesten archäologischen Funde der Stadt (7. Jh. v. Chr.) oder ein Museum mit Exponaten aus der maurischen Epoche. www.castelodesaojorge.pt • März–Okt. 9–21, Nov.–Feb. 9–18 Uhr • Eintritt 7 €, Kinder 3,50 €

Catedral de Lisboa (Sé)

▸ Klappe hinten, d 5

Lissabons Kathedrale datiert von 1147. Gleich nach der Reconquista entstand das Gotteshaus auf den Grundmauern einer maurischen Moschee. Der wuchtige spätromanische Bau erhielt ein Tonnengewölbe

und eine umlaufende Galerie im südfranzösischen Stil. Im frühgotischen Kreuzgang sind römische Ausgrabungen zu sehen.

Largo da Sé
– Kathedrale: tgl. 9–19 Uhr
– Kreuzgang: Mai–Sept. Mo–Sa 10–19, So 14–19, Okt.–April Mo–Sa 10–18, So 14–18 Uhr • Eintritt 2,50 €, Kinder 1,25 €

Parque das Nações 👫

▸ Klappe hinten, nordwestl. f 1

Zur EXPO, die 1998 in Lissabon stattfand, entstand der Freizeitpark am Ufer des Tejo. In den ehemaligen Weltausstellungspavillons und zugehörigen Gartenanlagen werden heute Konzerte gegeben, finden diverse Kongresse und Sportveranstaltungen statt. Ein großes Einkaufszentrum mit über 160 Geschäften ist am Wochenende ein absoluter Besuchermagnet. Die Fahrt mit einer Schwebebahn quer über das Gelände verschafft den besten Überblick. Hauptattraktion ist der **Oceanário de Lisboa**, eines der größten Meerwasseraquarien Europas.

Metro: Oriente
– Parque: www.parquedasnacoes.pt • So–Do 9.30–1, Fr, Sa 9.30–3 Uhr
– Oceanário: www.oceanario.pt • tgl. 10–19 Uhr • Eintritt 12 €, Kinder 6 €

MUSEEN

Museu Nacional do Azulejo

▸ Klappe hinten, nordöstl. f 2

Das vielleicht interessanteste Museum der Stadt, untergebracht im Kloster Madre de Deus (1508), dokumentiert die Geschichte der für Portugal so typischen Fliesenkunst. Vom 16. bis ins 20. Jh. hinein wandelten sich Herstellungstechniken und Motive. Die aufwändigsten

Bilder aus »azulejos« entstanden während der Barockzeit.
Rua Madre de Deus 4 • Metro: Restauradores, dann Bus 759 • www. ipmuseus.pt • Di–So 10–18 Uhr • Eintritt 5 €, Kinder 2,50 €

SPAZIERGANG

Stadtplan ▸ Klappe hinten

Starten Sie an der **Praça do Comércio**. Die Arkaden ehemaliger Handelskontore säumen den Platz, vor dem in früheren Zeiten die mit wertvoller Fracht aus Übersee beladenen Segelschiffe anlegten. Im 1778 gegründeten Eckcafé **Martinho da Arcada** war der große portugiesische Schriftsteller Fernando Pessoa (1888–1935) Stammgast. Sie verlassen den Platz landeinwärts durch den **Arco Monumental**, einen gewaltigen Triumphbogen, und betreten die **Baixa**, die Unterstadt. Nach dem verheerenden Erdbeben 1755 ließ Minister Pombal die Unterstadt völlig umgestalten, er ließ rasterförmige Straßenzüge anlegen und vornehme Geschäftshäuser errichten. Geradeaus führt Sie die **Rua Augusta**, an der sich bis heute feine Läden reihen, zum **Rossio**. An dem geräumigen Platz schlägt das Herz von Lissabon. Hier lohnt die Einkehr in einem der Traditionscafés, etwa der Pasteleria Suiça oder dem Nicola, das sogar eine eigene Kaffeemarke hervorgebracht hat. Nachdem Sie das schwarz-weiße Pflastermosaik auf dem Platz gebührend bewundert haben, wenden Sie sich durch die frühere **Rua do Ouro** (heute Rua Áurea), die Straße der Goldschmiede, zum **Elevador de Santa Justa**. Ein Schüler von Gustave Eiffel schuf den filigranen Eisenaufzug, der seit 1902 die Baixa mit dem Stadtteil **Chiado**

verbindet. Fahren Sie hinauf und unternehmen Sie einen kurzen Abstecher nach rechts zum **Miradouro São Pedro de Alcântara**, wo sich ein fantastischer Panoramablick über die Stadt bietet. Anschließend schlendern Sie zurück durch die Rua do Carmo zur **Rua Garrett**, der schicken Einkaufsstraße des Chiado. Vor dem A Brasileira, einem nostalgischen Literatencafé, erinnert eine Bronzefigur an Fernando Pessoa. In

---

MERIAN-Tipp **8**

ELÉCTRICO 28

▸ Klappe hinten, e 4

Ein besonderer Leckerbissen nicht nur für Fans historischer Straßenbahnen ist die Fahrt mit dem Eléctrico 28. Eingerichtet wurde die Linie um das Jahr 1900. Für die Bewohner des Altstadthügels von Lissabon ist die Bahn nach wie vor das Verkehrsmittel der Wahl. Von der **Praça do Comércio** geht die Fahrt steil hinauf durch enge Gassen der **Alfama,** an der Kathedrale und dem **Miradouro de Santa Luzia** vorbei zum recht ursprünglichen Viertel **Graça**. Abwärts rattern die Waggons dann durch die verwinkelte **Mouraria**. Der Name des Quartiers verweist auf die maurischen Gründer. Schließlich erreicht die Bahn an der Endstation **Martim Moniz** wieder ebenes Terrain. Zu Fuß gelangt man von hier sogleich in die angrenzende **Baixa**, die Unterstadt. Lissabon • www.carris.pt • tagsüber ca. alle 10 Min., Fahrzeit 15 Min. • Bordticket 2,85 €, Umsteigen nicht möglich

westlicher Richtung gelangen Sie in das Kneipenviertel **Bairro Alto**, wo Sie auf den **Elevador da Bica** treffen, eine altertümliche Standseilbahn, die Sie hinab zur Rua de São Paulo bringt. Gehen Sie links, um entlang der Rua do Arsenal zur Praça do Comércio, dem Ausgangspunkt des Spaziergangs, zurückzukehren. Dauer: 2 Std.

ESSEN UND TRINKEN

Casa do Leão ▸ Klappe hinten, d 4

Auf die feine Art • Im Burgrestaurant wird beste portugiesische Küche gepflegt. Zudem eröffnet sich ein wunderbarer Blick über die Stadt. Für abends unbedingt reservieren! Castelo de São Jorge • Tel. 218 87 59 62 • tgl. 12.30–15.30 und 20–23 Uhr • €€€€

Cervejaria Trindade
▸ Klappe hinten, c 4

Traditionsbierkeller • Zum Fassbier der Brauerei Sagres werden den Gästen im Speisesaal eines ehemaligen Klosters Meeresfrüchte oder deftige Steaks serviert. Rua Nova da Trindade 20 • Tel. 2 13 42 35 06 • www.cervejaria trindade.pt • So–Do 10–24, Fr, Sa und vor Feiertagen 10–1 Uhr • €€

Solar dos Presuntos
▸ Klappe hinten, c 4

In Familienbesitz • Das alteingesessene Lokal in der »Fressgasse« von Lissabon bietet bodenständige Hausmannskost, etwa Stockfisch »Gomes de Sá«, Entenreis oder »cozido« (Fleischeintopf). Rua das Portas de Santo Antão 150 • Tel. 2 13 42 42 53 • www.solardos presuntos.com • Mo–Sa 13–15.30 und 19–23 Uhr • €€

EINKAUFEN

Fábrica Santa Ana
▸ Klappe hinten, b 5

Shop des Traditionsherstellers für »azulejos«, die typischen portugiesischen Fliesen, die man hier in all ihren dekorativen Varianten käuflich erwerben kann. Rua do Alecrim 95

Santos Ofícios ▸ Klappe hinten, b 5

Kunsthandwerk garantiert aus Portugal. Alles, was im Land Tradition hat, ist hier erhältlich: Keramik, Holzschnitzereien, Produkte aus Kork, Flechtwerk, Stickerei- und Webarbeiten. Rua da Madalena 87 • www.santos oficios-artesanato.pt

SERVICE

AUSKUNFT

Lisboa Welcome Center
▸ Klappe hinten, d 6

Praça do Comércio • Tel. 2 10 31 28 10 • www.askmelisboa.com • tgl. 9–20 Uhr

Ausflüge

◎ **Cascais**

33 000 Einwohner

Lissabons Badeort liegt an der milden **Costa do Estoril**, die an die Riviera erinnert. Malerisch präsentiert sich die Altstadt mit vielen Boutiquen und Cafés rund um den Hafen. Eine 2 km lange Strandpromenade verbindet Cascais mit dem östlich benachbarten, exklusiven Seebad **Estoril**, wo ehrwürdige Nobelhotels an vergangene Zeiten erinnern, als hier der europäische Hochadel zur Sommerfrische abstieg. 25 km westl. von Lissabon • Zug: Linha de Cascais, ab Cais do Sodré, ca. alle 15 Min., Fahrzeit 30 Min.

Für Badevergnügen suchen die Hauptstädter den nahe gelegenen Küstenort Cascais (▶ S. 104) auf, der mit einem langen Sandstrand auf Sonnenhungrige wartet.

◎ Sintra

10 000 Einwohner

Der pittoreske Ort in den gleichnamigen Bergen diente vom 14. Jh. bis zum Ende der Monarchie 1910 den portugiesischen Königen als Sommerresidenz. Mit seinen kegelförmigen Kaminen ist der **Paco Real** (heute Palácio Nacional de Sintra) das Wahrzeichen von Sintra. König Manuel I. ließ im 16. Jh. die holzgeschnitzten Decken im maurischen Stil einziehen und die Wände mit Sevillaner Fliesen verkleiden. In der waldreichen **Serra de Sintra** hoch über der Stadt legten Adelige im 19. Jh. Schlösser mit Landschaftsgärten an, etwa den bizarren **Palácio da Pena**, den der deutsche Prinzgemahl von Königin Maria II. in Auftrag gab. – Paco Real: www.ipmuseus.pt • Mo, Di, Do–So 9.30–17.30 Uhr • Eintritt 7 €, Kinder 3,50 € – Palácio da Pena: www.parquesde sintra.pt • April–Mitte Okt. tgl. 9.30–20, sonst tgl. 10–18 Uhr • Eintritt 12 €, Kinder 9 € 25 km nordwestl. von Lissabon

Abstecher Andalusien
Wer in Andalusien an Land geht, erlebt eine reizvolle Vielfalt: Cádiz, am rauen Atlantik gelegen, wird für sein besonderes Licht gerühmt, mediterran hingegen präsentiert sich Málaga.

◄ Beliebter Treffpunkt in Cádiz: An der Plaza San Juan de Dios (▶ S. 108) schlägt das Herz der Stadt.

Sowohl Cádiz als auch Málaga gehören zu Andalusien und sind doch von ganz unterschiedlichem Charakter. Bei Seereisen von den Kanarischen Inseln ins Mittelmeer wird gerne ein Halt in einer der beiden Städte eingelegt, oder sie sind einfach reizvolle Ziele für Abstecher auf einer Kanarenrundfahrt.

Cádiz

130 000 Einwohner

Der alte phönizische Ankerplatz Cádiz zählt bis heute zu den bedeutendsten spanischen Häfen. Hier starten die Autofähren zu den Kanarischen Inseln, und es laufen Frachtschiffe und Fischtrawler ein. Der Ozean prägt das milde, auch im Sommer nicht zu heiße Klima.

HAFEN

In Cádiz legen Kreuzfahrtschiffe an der breiten Außenmole Muelle Alfonso XIII beim Hafengebäude (Estación Marítima) an. Dieses liegt in unmittelbarer Nähe der Plaza de España und der angrenzenden Altstadt. Nebenan an der Plaza de la Hispanidad starten zahlreiche Buslinien, u. a. nach Jerez de la Frontera. www.puertocadiz.com

SEHENSWERTES

Catedral Nueva

Von See her weithin sichtbar präsentiert sich die »neue Kathedrale« als Wahrzeichen der Stadt. Zwischen 1722 und 1838 entstand der barockklassizistische Bau mit riesiger, goldgelber Kuppel, um die alte Kathedrale zu ersetzen, die heute noch nebenan steht. Der Westturm der Catedral Nueva bietet einen exzellenten Blick. In der unter dem Meeresspiegel gelegenen Krypta wiederholt sich ein Echo bis zu 15-mal. Pl. de la Catedral • www.torrede poniente.com • Mitte Juni–Mitte Sept. tgl. 10–20, Mitte Sept.–Mitte Juni tgl. 10–18 Uhr • Eintritt 4 €, Kinder 3,30 €

Torre Tavira 👫

Der 34 m hohe Turm (18. Jh.) gehörte früher zu einem Handelshaus. Oben wachte ständig ein Ausguck, um den Hausherren frühzeitig über Schiffsankünfte zu informieren. Heute projiziert im Turm eine Camera obscura aktuelle Bilder aus den Straßen der Stadt auf einen Schirm. Sie werden (auch auf Deutsch) kommentiert. C. Marqués del Real Tesoro 10 • www.torretavira.com • Mai–Sept. tgl. 10–20, Okt.–April tgl. 10–18 Uhr • Eintritt 5 €, Kinder 4 €

MUSEEN

Museo de Cádiz

Das Museum im ehemaligen Franziskanerkloster glänzt mit seiner archäologischen Abteilung, die zwei Marmorsarkophage aus phönizischer Zeit (5. Jh. v. Chr.) und eine Statue des römischen Kaisers Trajan (um 100 n. Chr.) enthält. In der Gemäldeabteilung werden Werke der flämischen Meister Jan van Eyck und Rubens wie auch bekannter spanischer Maler wie Murillo oder Zurbarán gezeigt. Pl. de Mina • www.juntadeandalucia. es/cultura/museos/MCA • Di 14.30–20.30, Mi–Sa 9–20.30, So und feiertags 9–14.30 Uhr • Eintritt für EU-Bürger frei, sonst 1,50 €

MERIAN-Tipp 9

EL PUERTO DE SANTA MARÍA

Wer so unkompliziert wie möglich von Cádiz nach El Puerto de Santa María gelangen möchte, nimmt die Personenfähre. Wie Bus und Bahn ist sie in den regionalen Verkehrsverbund integriert. In rascher Fahrt überquert der Katamaran die meist spiegelglatte Bucht zwischen den beiden Städten. El Puerto de Santa María ist der Ausfuhrhafen der Sherry-Region und gilt als heißer Tipp für den Genuss frischer Meeresfrüchte. An der Uferstraße Ribeira del Marisco reihen sich die »cocederos«, Buden, in denen die Köstlichkeiten einfach in Salzwasser gekocht und nach Gewicht auf die Hand verkauft werden.
Cádiz • www.cmtbc.com • Mo–Fr ca. alle 30 Min. ab etwa 8 Uhr, Sa, So und feiertags ca. alle 60 Min. ab ca. 11 Uhr, Fahrzeit 20 Min. • Fahrpreis pro Strecke 2,20 €

SPAZIERGANG

Starten Sie an der **Plaza de España**, wo ein Denkmal an die Cortes erinnert, eine Versammlung in Cádiz, die Spanien 1812 eine erste moderne Verfassung gab. Die Avenida del Puerto führt Sie an Parkanlagen entlang zur **Plaza San Juan de Dios** mit dem **Rathaus**, wo jeden Tag um 10 Uhr ein Glockenspiel mit einer Melodie des einheimischen Komponisten Manuel de Falla (1876–1946) erklingt. Durch die Calle Pelota gelangen Sie über die Plaza de la Catedral hinweg und weiter geradeaus durch die Calle Compañía zur **Plaza de las Flores**, wo Blumenstände auf Käufer warten. Hier bietet sich eine Pause in einem Straßencafé an, bevor Sie dem benachbarten **Mercado Central**, der Hauptmarkthalle von Cádiz, einen Besuch abstatten. Gehen Sie anschließend von der Plaza de las Flores Richtung Norden zur Calle Novena, die links zur **Calle Ancha** überleitet, der schönsten Einkaufsstraße der Stadt. Sie mündet in die Plaza San Antonio, die Sie überqueren. Geradeaus gelangen Sie zum Meer. Dort schließt linker Hand der **Parque Genovés** mit üppiger subtropischer Bepflanzung an. Rechts gelangen Sie durch die Avenida Carlos III zum **Baluarte de la Candelaria**, einem Bollwerk der einstigen Stadtmauer. Von hier führt die Alameda Apodaca zurück zum Hafen.
Dauer: 2 Std.

ESSEN & TRINKEN

Balandro

Einzigartige Lage • Das feine Restaurant an der Meeresfront ist auf Fisch spezialisiert, der in variantenreichen Zubereitungen daherkommt, etwa Thunfisch mit geschmorten Pfefferschoten und Sardellen.
Alameda Apodaca 22 • Tel. 9 56 22 09 92 • www.restaurantebalandro. com • Di–Sa 13–16 und 20–23.30, So 13–16 Uhr • €€€

EINKAUFEN

La Alacena 🌿

Die Initiative vermarktet hochwertige kulinarische Produkte aus der Provinz Cádiz, darunter auch biologisch erzeugte Lebensmittel, etwa Käse, Weinessig oder Obst.
C. Pintor Ribera • www.laalacena.net • Mo–Fr 10–13.30 und 18–21, Sa 10–13.30 Uhr

SERVICE

AUSKUNFT

Centro de Recepción Turística

Paseo de Canalejas • Tel. 9 56 29
07 93 • www.cadiz.es • Sommer Mo–
Fr 9–19, Sa, So 9–17, Winter Mo–Fr
8.30–18.30, Sa, So 9–17 Uhr

Ausflüge

◎ **Jerez de la Frontera**

209 000 Einwohner

Nur 12 km vom Meer entfernt, ist
Jerez de la Frontera die größte Stadt
der Provinz Cádiz. Als Hauptstadt
des sogenannten Sherry-Dreiecks
liegt sie inmitten des Anbaugebiets.
Am Stadtrand befinden sich riesige
Weinkellereien, in denen Sherry und
Brandy in jahrzehntealten Eichenfässern reifen. Viele dieser Bodegas
öffnen ihre Tore auch für Besucher.
Zugleich gilt Jerez als Zentrum der
andalusischen Pferdezucht.

35 km nordöstl. von Cádiz

SEHENSWERTES

**Real Escuela Andaluza del Arte
Ecuestre** ❧♞

Die Hofreitschule pflegt die Kunst
der Pferdedressur auf höchstem
Niveau. An Tagen ohne Show kann
man Ställe und Museum besichtigen.
Av. Duque de Abrantes • www.real
escuela.org • Besichtigung Mo–Fr
10–14 Uhr, Show-Termine auf der
Webseite • Eintritt 10 €, Kinder 6 €,
Show 19–25 €, Kinder 12–16 €

EINKAUFEN

**Bodegas Tío Pepe –
González Byass**

Die meist besuchte Weinkellerei von
Jerez veranstaltet einstündige Führungen. Im Anschluss besteht Gelegenheit zur Probe und zum Kauf.
C. Manuel María González 12 •
www.bodegastiopepe.com • Führungen auf Deutsch Mo–Sa 12.15, 14
und 17.15, So 12.15 und 14 Uhr

Feria del Caballo, der große Pferdemarkt in Jerez de la Frontera (▶ S. 109), der im Mai
mit viel Pomp veranstaltet wird, ist nur eines der zahlreichen Events rund ums Pferd.

Werkschau des berühmtesten Sohns der Stadt Málaga: Im Museo Picasso Málaga (▸ S. 111) sind Werke des Künstlers aus allen Schaffensperioden zusammengetragen.

Málaga
560 000 Einwohner

In der Metropole der Costa del Sol säumen Palmen und exotische Blütensträucher das Meeresufer. Der Badetourismus spielt sich außerhalb an den berühmten Stränden von Torremolinos und Marbella ab. Málaga selbst gehört vorwiegend den Einheimischen, die auf der Hafenpromenade flanieren und abends temperamentvoll in den Weinstuben und Tascas (Kneipen) der engen Altstadtgassen feiern.

HAFEN

Die meisten Schiffe legen am Muelle de Levante an, einem weit ins Meer ragenden Passagierkai mit Panoramablick über die Bucht von Málaga und modernem Empfangsgebäude (Terminal de Cruceros). Von dort ist die Innenstadt 3 km entfernt. So empfiehlt es sich, eines der immer bereitstehenden Taxis zu wählen. Ein zweiter Passagierkai liegt unmittelbar vor dem Stadtzentrum am Palmeral de las Sorpresas, einer parkartig gestalteten Promenade mit dem brandneuen Hafengebäude Estación Marítima.
www.puertomalaga.com

SEHENSWERTES
Alcazaba

Die trutzige Burg diente im Mittelalter als Wohnsitz der maurischen Herrscher. Mit mehreren Palästen und Patios und von einer wehrhaften Mauer umgeben zieht sie sich einen Bergrücken hinauf. Vom Hafen kann man per Aufzug zum oberen Bereich fahren und durch die verwinkelte Anlage zur Plaza de la Aduana am Stadtrand hinabsteigen.
C. Guillén Sotelo • Sommer Di–So 9.30–20, Winter Di–So 8.30–19 Uhr • Eintritt 2,10 €, Kinder 0,60 €

Catedral de la Encarnación

Zu den beeindruckendsten Renaissancekirchen Andalusiens zählt die Kathedrale von Málaga. Ihre Bauzeit erstreckte sich wegen Geldmangels und Streitigkeiten unter den Architekten von 1528 bis 1783. Herausragend im Inneren sind 42 geschnitzte Heiligenfiguren im Chor von dem berühmten Bildhauer des 17. Jh., Pedro de Mena, und die bestens erhaltenen Barockorgeln.

C. Molina Lario 9 • Mo–Fr 10–18, Sa 10–17 Uhr • Eintritt 4 €

Jardín La Concepción

Der subtropische Park gilt als eine der schönsten Gartenanlagen Spaniens. Die Üppigkeit seines Pflanzenbestands verdankt er der Lage in einem schattigen Tal, in dem sich das Wasser der nahe gelegenen Berge sammelt. Verschlungene Pfade führen zu romantischen Winkeln, etwa dem Triton-Teich mit einer Skulptur des griechischen Meeresgottes oder zum Mirador histórico, einem Aussichtspunkt mit Pergola. Ab 1855 ließ Graf Jorge Loring den Jardín La Concepción im englischen Landschaftsgartenstil anlegen.

5 km nördl. von Málaga

MUSEEN

Fundación Picasso – Museo Casa Natal

In diesem Haus erblickte Pablo Picasso 1881 das Licht der Welt. Die Picasso-Stiftung zeigt Keramik, Gravuren und Buchillustrationen des Meisters und veranstaltet Wechselausstellungen mit Zeitgenossen Picassos oder modernen Künstlern.

Pl. de la Merced 15 • www.fundacion picasso.es • Mo–Sa 10–20, So 10–14 Uhr • Eintritt 1 €, Kinder frei

Museo Picasso Málaga (MPM)

Seit 2003 ist dem berühmtesten Sohn der Stadt das viel beachtete Museum gewidmet. Im ehemals herrschaftlichen Palacio de Buenavista zeigt es 155 Gemälde, Zeichnungen und Plastiken aus dem Besitz der Erben. Von realistischen Frauenporträts aus der Zeit um 1900 bis hin zu späten Gemälden aus den 1970er-Jahren sind alle Schaffensphasen vertreten.

C. San Agustín 8 • www.museo picassomalaga.org • Di–Do, So und feiertags 10–20, Fr, Sa 10–21 Uhr • Eintritt 6 €, Wechselausstellungen 4,50 €, Kombiticket 8 €, Kinder frei

SPAZIERGANG

Ausgangspunkt ist die **Plaza de la Marina** am Hafen. Hier beginnt die **Calle Marqués de Larios**, die Prachtstraße von Málaga mit ehemaligen Adelspalästen. Hier warten schicke Geschäfte auf Kunden. Folgen Sie der Fußgängerzone in ihrer vollen Länge und biegen Sie dann links zur **Plaza de la Constitución** ab. An dem zentralen Altstadtplatz laden Straßencafés zur Einkehr ein. Durch die Calle Granada gelangen Sie zur barocken **Iglesia de Santiago**, der Taufkirche von Pablo Picasso. Gleich darauf stehen Sie an der **Plaza de la Merced**. Mit zahlreichen Cafés und Bars ist sie der Treffpunkt in Málaga schlechthin. Gehen Sie nun durch die unweit östlich beginnende Calle Alcazabilla und an der Alcazaba vorbei Richtung Meer. Dort treffen Sie auf den **Paseo del Parque**. An die Palmenallee grenzt der tropisch bepflanzte **Parque de Málaga**. Auf dieser Flaniermeile der Stadt können Sie den Spaziergang beenden.

Dauer: 1,5 Std.

ESSEN & TRINKEN
Mesón Astorga

Geheimtipp • Das Restaurant am Stadtrand suchen vorwiegend einheimische Gäste auf. Geboten werden regionale Küche und eine große Auswahl an Tapas.
C. Gerona 11 • Tel. 9 52 34 68 32 • www.mesonastorga.com • Mo–Sa 13–16 und 20–23 Uhr • €€€

Bar Orellana

Klassich kreativ • Künstler und Theaterleute verkehren gern hier und lassen sich zum Bier oder Wein ein paar Tapas schmecken.
C. Moreno Monroy 5 • Tel. 9 52 22 30 12 • www.barorellana.es • Mo, Di, Do–So 12–16 und 20–23 Uhr • €€

EINKAUFEN
Joyería Hago

Juweliergeschäft mit Werkstatt, die ausschließlich Silberschmuck nach eigenen Entwürfen fertigt. Häufiges Motiv ist die für Málaga charakteristische Jasminblüte.
Av. de Priés 7 • www.joyeriahago. com • Mo–Fr 10.30–14 und 17.30– 20.30, Sa 10.30–14 Uhr

Mercado de Atarazanas

Málagas schönste, über 100 Jahre alte Markthalle bietet dem Besucher viel fürs Auge: exotische Früchte und Blumen von der Costa Tropical, Fisch und Meeresfrüchte frisch aus dem Hafen. Besonders schön als Mitbringsel sind feurige Gewürze, pikant eingelegte Kapern oder Orangenblütentee. Das Südportal, das bereits aus dem 13. Jh. stammt, gewährte in maurischer Zeit Einlass zu einer Schiffswerft.
C. Guillén de Castro • www.mercado deatarazanas.com • Mo–Sa 8–14 Uhr

SERVICE
AUSKUNFT
Oficina Municipal de Turismo

Pl. de la Marina 11 • Tel. 951 92 60 20 • www.malagaturismo.com • März–Sept. tgl. 9–20, Okt.–Feb. 9–18 Uhr

Ausflüge
◎ Cueva de Nerja

Die berühmteste Tropfsteinhöhle weit und breit darf auf einem 1400 m langen Rundweg individuell besichtigt werden. Vor Jahrtausenden bewohnten Steinzeitmenschen die unterirdischen Säle und hinterließen bildliche Darstellungen von Pferden, Rindern und Fischen an den Wänden, wohl eine Art Jagdzauber.
www.cuevadenerja.es • Sept.–Juni tgl. 10–14 und 16–18.30, Juli, Aug. tgl. 10–19.30 Uhr • Eintritt 8,50 €, Kinder 4,50 €
55 km östl. von Málaga

◎ El Torcal

Als zerklüfteter Felsengarten mit kühnen Felsnasen und schroff abgeschliffenen Kalksteinsockeln präsentiert sich die Karstlandschaft, die als Naturpark unter Schutz steht. Besonders beeindruckend ist das 1200 m hoch gelegene Plateau **Torcal Alto**, das sich im Winter schon einmal komplett in Nebel hüllen kann. Ein Besucherzentrum informiert über Flora und Fauna, wobei rund 30 Orchideenarten besondere Erwähnung verdienen. Verschiedenste Vogelarten leben von den Beeren der Büsche, die sich tapfer auf dem kargen Kalkgestein halten. Der 1,5 km lange Rundweg Ruta Verde (grün markiert, leicht bis mittelschwer, ca. 1 Std.) erschließt den Torcal Alto für Wanderer.

Geologisches Wunderwerk: Die eindrucksvollen Karstformationen im Naturpark El Torcal (▶ S. 112) lassen sich auf einem markierten Rundweg bestaunen.

Besucherzentrum: tgl. 10–17 Uhr
68 km nordwestl. von Málaga

◎ Mijas
8000 Einwohner

Malerisch liegt der Vorzeigeort, der zu den berühmten »weißen Dörfern« Andalusiens zählt, am Fuß eines schroffen Gebirgszugs. Schriftsteller und Künstler entdeckten Mijas in den 1950er-Jahren. Heute kommen zahlreiche Tagesbesucher von der nahe gelegenen Costa del Sol, um durch die engen Gassen zu schlendern, die gepflegten Häuser mit ihren lauschigen, blumengeschmückten Innenhöfen zu bewundern und die Kunsthandwerksläden nach originellen Souvenirs zu durchstöbern. Vom Aussichtsbalkon **Mirador del Compas** schweift der Blick weit über die Küstenlandschaft. Nebenan verehren die Dorfbewohner in der Höhlenkapelle Virgen de la Peña eine Madonnenfigur, die zwei Hirtenkinder im 17. Jh. hier gefunden haben sollen.

35 km südwestl. von Málaga

Abstecher Marokko
Ein Zwischenstopp in Tanger und Casablanca entführt den Kreuzfahrer in orientalische Welten, die mit einem faszinierenden Spektrum an Farben und exotischen Düften verzaubern.

◄ Die Mosquée Hassan II (► S. 119) in Casablanca ist ein Gotteshaus der Superlative.

Während die Kanarischen Inseln, die sich nur unweit der marokkanischen Südküste erstrecken, politisch, wirtschaftlich und kulturell zu Spanien zählen, gehört Marokko zur arabischen Welt. Aber auch der Einfluss Frankreichs, dem große Teile des Landes bis zur Mitte des 20. Jh. als Protektorat unterstanden, ist nicht zu übersehen. Nicht zuletzt manifestiert sich dies im häufigen Gebrauch des Französischen, das vor allem als Schriftsprache Verwendung findet.

Tanger

700 000 Einwohner

Einen unvergesslichen Anblick bietet die an einen Hügel geschmiegte weiße Altstadt, wenn man sich Tanger vom Meer her nähert. Bis 1956 hatte Tanger einen internationalen Status, galt in Kriegszeiten als Treffpunkt von Geheimagenten und war später Hochburg der Beatniks, einer alternativen amerikanischen Literatengeneration. In dieser Tradition finden es heute viele Europäer und Amerikaner wieder schick, sich hier niederzulassen und zu leben, gleichsam an einer Schnittstelle zwischen den Kulturen.

HAFEN

Kreuzfahrtschiffe machen in Tanger an der breiten Südmole fest. Die Innenstadt ist etwa 800 m entfernt. Wer sich nicht zu Fuß auf den etwa 20-minütigen Weg begeben möchte, fährt per Shuttlebus oder nimmt eines der vielen beim Schiff wartenden blauen Petit Taxis, die per Taxameter abrechnen.

SEHENSWERTES
Jardins de la Mendoubia

Der exotische Garten gehörte in der Zeit der internationalen Verwaltung zur Residenz des Mendoub, des Regenten von Tanger. Heute ist die städtische Oase öffentlich zugänglich. Banyans, Feigenbäume aus Indien mit gewaltigen Luftwurzeln, säumen die Wege. Dem größten wird ein Alter von 800 Jahren nachgesagt.
Rue Bouarrakia • Mo–Sa geöffnet

MUSEEN
Musée d'Al Kasbah

Der ehemalige Sultanspalast **Dar el-Makhzen** (17. Jh.) beherrscht die **Kasbah**, die Zitadelle an der höchsten Stelle der Medina (Altstadt). Heute beherbergt er ein Volkskunst- und Antiquitätenmuseum. Funde aus karthagischer und römischer Zeit sind hier ausgestellt, ebenso wie Exponate aus späteren Epochen, etwa ein vergoldetes und illustriertes Koran-Manuskript aus dem 13. Jh. oder kunsthandwerkliche Kostbarkeiten wie Teppiche aus Rabat oder Seide aus Fez. Das Mosaik im arkadengesäumten großen Innenhof mit einer Darstellung der Göttin Venus auf Schiffsreise stammt aus der antiken römischen Stadt Volubilis. Im andalusisch anmutenden Garten stehen Brunnen unter Schatten spendenden Pergolen.
Sahat El Kasba • www.minculture. gov.ma • Sa–Mo, Mi, Do 9–16.30, Fr 12–13.15 Uhr • Eintritt 10 Dh, Kinder 3 Dh

SPAZIERGANG

Laufen Sie vom Hafen durch die Rue du Portugal am Südrand der Medina entlang zur Rue de la Plage und auf dieser rechts, so gelangen Sie zum

MERIAN-Tipp 10

M'NAR PARK 👬🍴

Die brandneue Kombination aus Wasser- und Vergnügungspark verspricht Spiel und Spannung für die ganze Familie abseits der üblichen touristischen Pfade. Ein riesiges Schwimmbecken hoch über dem Meer ist Markenzeichen des Parc Aquatique und lädt gemeinsam mit weiteren Pools und Rutschen zum Badespaß ein. Im Parc d'Attractions haben kleinere Kinder (ab sechs Jahren) Spaß an der Schiffsschaukel »Bateau Pirate« oder am Karussell »Aladdin«, wo sie in die geheimnisvolle Welt des Orients eintauchen können. Für größere Kinder und Erwachsene sind die schnellen Fahrgeräte interessanter, etwa »Le Dragon« oder die Achterbahn »Montagnes Russes«. Elnen grandiosen Blick weit über dic Bucht von Tanger bietet – übrigens für bis zu 1200 Gäste – das Sunset Café.
Tanger, Route de K'sar Séghir • www.mnarparktanger.com • tgl. 8–20 Uhr, im Ramadan geschl. • Parc Aquatique: Eintritt 100 Dh, Kinder 50 Dh

Grand Socco, wo Markthändler Obst, Gemüse und Fisch anbieten. Darüber hinaus wird hier jeden Donnerstag und Sonntag Tangers großer Berbermarkt abgehalten. Dann verkaufen pittoresk gekleidete Bäuerinnen aus dem Rif-Gebirge Webdecken, Teppiche, bunte Tücher und riesige Strohhüte. Machen Sie nun einen Abstecher durch die breite Rue de la Liberté zum **Boulevard**

Pasteur, einer Flaniermeile vom Beginn des 20. Jh., an der sich Luxusgeschäfte reihen. Gehen Sie anschließend zurück zum Grand Socco und durch das alte Stadttor **Bab Fahs** in die **Medina**. In deren unübersichtlichem Gassengewirr können die Dienste eines der Führer, die sich überall anbieten, hilfreich sein. Oder Sie gehen einfach geradeaus durch die Rue es-Siaghin zum **Petit Socco**, einem lebhaften Markt für Teppiche und Schmuck. In den hiesigen Cafés verkehrten seinerzeit die Beatniks. Sie passieren die **Grande Mosque**, die Hauptmoschee, und können durch das Tor **Bab El Bahr** die Medina zum Hafen hin verlassen.
Dauer: 1,5 Std.

ESSEN & TRINKEN
Relais de Paris

Brasserie • Rémi Tulloue und Philippe Morin bekochen ihre Gäste im französischen Stil. Die Originalsoße »Relais de Paris«, zu deren Zutaten 18 Gewürze zählen, gehört immer dazu. Mit wunderbarem Hafenblick.
42, Rue de Hollande • Tel. 0 39 33 18 19 • www.relaisdeparis.com • tgl. geöffnet • €€€

Marhaba Palace

Altstadtpalast • Traditionelles Lokal mit lauschigem Garten. Oft begleiten Folkloregruppen das tadellose Essen. Serviert werden marokkanische Gerichte wie »tajine« (klassischer Schmortopf) oder »couscous«.
69, Rue Kasbah • Tel. 0 39 32 12 72 • tgl. geöffnet • €€

Café Hafa

Einzigartig • Das 1921 gegründete Café an der Steilküste ist Kult. Hier genoss die Prominenz aus

Kulturszene und Showgeschäft – von Tennessee Williams über Truman Capote bis zu Mick Jagger – den wunderbaren Blick. Als Spezialität wird, wie könnte es in Tanger anders sein, heißer Minztee serviert.

Av. Hadi Mohammed Tazi • Mo–Fr 8.30–23, Sa, So 8.30–2 Uhr • €

SERVICE
AUSKUNFT
Office du Tourisme
29, Bd. Pasteur • Tel. 0 39 94 80 50 • www.visitmorocco.com • Mo–Sa 8.30–16.30 Uhr

Ausflüge
◎ Assilah
19 000 Einwohner

Das schmucke Küstenstädtchen am Atlantik ist von einer perfekt erhaltenen Festungsmauer umgeben, einem Bauwerk der Portugiesen, die Assilah im 15. Jh. als Stützpunkt für

ihre Eroberungsfeldzüge in Marokko ausbauten. Im **Palais er-Raissouli** residierte vor dem Ersten Weltkrieg ein gefürchteter Machthaber, der sich durch Überfälle auf Karawanen finanzierte. Heute dient der Palast als Kulturinstitut. Verschiedene bekannte Maler und Schriftsteller leben in Assilah und veranstalten jeden Sommer ein international beachtetes Festival. Vor der Stadt liegt eine herrliche Strandzone, in der Medina werden Häuser an Touristen vermietet.

31 km südwestl. von Tanger

◎ Chefchaouen
36 000 Einwohner

Jahrhundertelang galt Chefchaouen, malerisch im Rif-Gebirge gelegen, als heilige Stadt, zu der Christen keinen Zutritt hatten. Erst zu Beginn des 20. Jh. setzten spanische Protektoratstruppen die Öffnung

Malerische Gassen, Bogengänge, Hauswände und -türen mit exotischen Mustern entführen die Besucher von Chefchaouen (▸ S. 117) in Tausendundeine Nacht.

durch. Die mittelalterliche Medina zählt zu den schönsten ganz Marokkos. Viele Häuser sind in Schattierungen von Blau gestrichen, um den bösen Blick fern zu halten. Der Ort ist auch für sein Kunsthandwerk bekannt, insbesondere für Wollkleidung und Webdecken.

113 km südöstl. von Tanger

◎ Grotte d'Hercule

In der Höhle nicht weit vom Cap Spartel, dem Nordwestkap Afrikas, wo sich Atlantik und Mittelmeer treffen, soll der antike Held Herkules ausgeruht haben, nachdem er die Meerenge von Gibraltar geschaffen hatte. So will es zumindest die Legende. Der zum Meer gewandte, bei Flut überspülte Eingang der Höhle bildet – von innen betrachtet spiegelverkehrt – die Umrisse Afrikas ab.

Tgl. geöffnet • Eintritt 5 Dh

14 km westl. von Tanger

◎ Tetouan

352 000 Einwohner

Wegen des angenehm milden Klimas wählte das marokkanische Königshaus Tetouan als Sommerresidenz. Die UNESCO erklärte die weitläufige **Medina** mit ihren zahlreichen Werkstätten von Gold- und Silberschmieden, Schneidern, Gerbern, Töpfern und Tischlern zum Welterbe. Auch die spanischen Kolonialbauten im neomaurischen Stil sind sehenswert. Als Schnittstelle zwischen Alt- und Neustadt fungiert die lebhafte Place Hassan II.

57 km südöstl. von Tanger

Casablanca

3,3 Mio. Einwohner

Die Stadt verdankt ihren ganz speziellen Ruf dem gleichnamigen Film mit Ingrid Bergman und Humphrey Bogart, der während des Zweiten Weltkriegs spielt. Damals besaß der

In der Medina von Tetouan (▶ S. 118), seit 1997 Weltkulturerbe, wird traditionelles Handwerk gepflegt. Die handgefertigten Lederwaren sind ein edles Souvenir.

Hafen große strategische Bedeutung. Als bevölkerungsreichste und wirtschaftlich bedeutendste Metropole des Landes hat Casablanca ein überwiegend modernes Stadtbild, obwohl es natürlich auch hier eine Medina (Altstadt) gibt.

HAFEN

Casablancas riesiger Hafen wird vorwiegend von Containerschiffen und der marokkanischen Fischereiflotte genutzt. Kreuzfahrtschiffe liegen im Bassin du Tourisme, an der langen Außenmole (Fußweg zur Medina 15–20 Min.). Um weiter entfernte Ziele in der Stadt zu erreichen (z. B. das Quartier des Habous), empfiehlt sich ein rotes Petit Taxi für maximal drei Passagiere. Abgerechnet wird per Taxameter, innerstädtische Strecken kosten etwa 20 Dh. Bis zu sechs Passagiere passen in ein schwarzes Grand Taxi, das meist als Sammeltaxi fungiert. Bei Komplettmiete ist der Preis Verhandlungssache.

SEHENSWERTES

Mosquée Hassan II [10]

Die gewaltige, zwischen 1986 und 1993 errichtete Moschee beherrscht das Stadtbild Casablancas. Am flachen Meeresufer schiebt sie sich teilweise in den Atlantik vor, ihr Dach lässt sich großflächig öffnen. So wurden die drei lebenswichtigen Elemente Erde, Wasser und Luft nach dem Willen des Bauherren, König Hassan, eng miteinander verbunden. Rund 9 ha Fläche bedeckt die Moschee, bis zu 105 000 Gläubige finden in ihr Platz, davon allein in der Gebetshalle etwa 25 000. Zwar ist die al-Haram-Moschee in Mekka noch größer, doch die Mosquée Hassan II verdankt ihrem 210 m hohen Minarett den Titel des höchsten Sakralbaus der Welt. Im Rahmen von Führungen ist die aufwändig mit kostbarem Kunsthandwerk dekorierte Moschee zu besichtigen. Sie darf nur ohne Schuhe und mit Kleidung, die Arme und Beine komplett bedeckt, betreten werden.
Av. Royale • www.fmh2.ma • Führungen meist Sa–Do 9, 10, 11, 14 Uhr, im Ramadan eingeschränkt • Eintritt 120 Dh, Kinder 30 Dh

Quartier des Habous

Am Südrand der Stadt legten die französischen Kolonialherren in den 1920er-Jahren eine neue Medina an, um der in Casablanca herrschenden Wohnungsnot zu begegnen. Das Viertel wirkt fast ein wenig museal. Wer sich nicht in das Getümmel der alten Medina in Hafennähe stürzen, aber marokkanisches Flair schnuppern möchte, ist hier goldrichtig. Arkadengänge führen von einem Souk zum nächsten. Souvenirjäger werden in den zahlreichen Kunsthandwerksläden fündig. Auf dem Olivenmarkt werden die verschiedensten Qualitäten, eingelegt in Gewürze, Essig und Öl, gleich in ganzen Fässern präsentiert.

MUSEEN

Musée du Judaïsme Marocain

Historischen und ethnografischen Aspekten des Zusammenlebens von Juden und Muslimen in Marokko widmet sich das 1977 eröffnete Museum. Die ständige Ausstellung zeigt traditionelles jüdisches Kunsthandwerk und Bekleidung. Wechselausstellungen ergänzen das Angebot.
81, Rue Chasseur Jules Gros • www.casajewishmuseum.com • Mo–Fr 10–18 Uhr • Eintritt 20 Dh

Villa des Arts

Das Museum der Kulturstiftung ONA ist in einer repräsentativen Art-déco-Villa von 1934 untergebracht. In wechselnden Ausstellungen sind Werke zeitgenössischer marokkanischer Maler aus dem riesigen Fundus der Stiftung zu sehen. Aber auch internationale Kunst wird hin und wieder gezeigt. Schon wegen der außergewöhnlichen Architektur des Gebäudes und seines wunderschönen Gartens mit Springbrunnen und Palmen lohnt der Besuch.
30, Bd. Brahim Roudani • www. fondationona.ma • Di–Sa 9-19 Uhr • Eintritt frei

SPAZIERGANG

Ausgangspunkt ist **Rick's Café** am Zugang zur langen Außenmole. Folgen Sie dem Boulevard des Almohades nach Osten. Rechter Hand liegt nun die **Medina** mit ihren verwinkelten Gassen, in der das Leben noch seinen traditionellen Gang geht. Biegen Sie vor dem Hafenbahnhof **Gare du Port** rechts in den Boulevard F. H. Boigny ein, der Sie zur **Place des Nations Unies** führt – dem modernen Verkehrsknotenpunkt der Stadt. Für Fußgänger gibt es einen Tunnel. Hier beginnt links der **Boulevard Mohammed V**, eine von Art-déco-Häusern aus französischer Zeit gesäumte Flaniermeile mit schicken Geschäften. Sie erreichen den **Marché Central**, den Zentralmarkt für Obst, Gemüse und Blumen. Stets herrscht hier buntes Treiben. Laufen Sie auf dem Boulevard zurück und schwenken Sie an der Place des Nations Unies links in die stark befahrene Avenue Hassan II ein. Sie durchqueren das Bankenviertel von Casablanca und stehen dann an der mondänen **Place Mohammed V**. Auch hier ist wieder französische Architektur mit arabischem Einschlag zu bewundern. Verwaltungsgebäude wie die ehemalige Präfektur mit Jugendstil-Uhrturm oder der Justizpalast gruppieren sich um einen Springbrunnen. In der angrenzenden gepflegten Gartenanlage klingt der Spaziergang aus, für den Rückweg zum Hafen empfiehlt sich ein Taxi.
Dauer: 1,5 Std.

ESSEN & TRINKEN

Rick's Café

Wie im Film • Dem Streifen »Casablanca« nachempfunden ist dieses elegante Lokal. Türsteher begrüßen den Gast, dezente Pianomusik erklingt. Auf der Speisekarte stehen marokkanische wie auch europäische Gerichte. Rauchen ist erlaubt.
148, Bd. Sour Jdid • Tel. 0 22 27 42 07 • www.rickscafe.ma • tgl. 12–15 und 18.30–1 Uhr • €€€

EINKAUFEN

Bennis Habous

Unübertroffene Traditionskonditorei im gleichnamigen Viertel. Zum Mitnehmen empfehlen sich Köstlichkeiten wie Sesamhörnchen, gefüllte Datteln, Mandel- und Honigkuchen. Auch schön, um einen Minztee zu genießen.
2, Rue Fkih el-Gabbas • www.bennis habous.com • tgl. geöffnet

SERVICE

AUSKUNFT

Office du Tourisme

55, Rue Omar Slaoui • Tel. 0 22 27 11 77 • www.visitmorocco.com • Mo–Fr 8.30–12, 14.30–16.30 Uhr

Eine der bedeutendsten Grabanlagen des islamischen Kulturkreises: Der Mausolée Mohammed V (▶ S. 121) wurde 1971 in Marokkos Hauptstadt Rabat errichtet.

Ausflüge
◎ Rabat
601 000 Einwohner

Marokkos Hauptstadt wirkt ruhig und gepflegt. Vom 12. bis 19. Jh. war sie ein wichtiger Handelsplatz, wovon die stark befestigte **Kasbah des Oudayas** an der Mündung des Bou-Regreg in den Atlantik und die große **Medina** zeugen. Landeinwärts folgt die französische **Ville Nouvelle**, ein repräsentatives Viertel mit Botschaften, Regierungsgebäuden und dem **Palais Royal** (Königspalast).

Wahrzeichen von Rabat ist in Flussnähe die **Tour Hassan** (12. Jh.). Der Hassanturm war als Minarett einer unvollendet gebliebenen Moschee gedacht. Gegenüber steht der **Mausolée Mohammed V**, ein neomaurisches Marmorgrabmal von 1971, in dem 1999 auch König Hassan II beigesetzt wurde. Außerhalb der Stadt liegt **Cheilah,** eine gewaltige Nekropole aus dem 14. Jh. mit der Grabmoschee der Meriniden, einer mittelalterlichen Herrscherdynastie.
90 km nordöstl. von Casablanca

Dem Kapitän eines Kreuzfahrtschiffs
obliegt die Verantwortung für den Bord-
und Brückenbetrieb, für die Mannschaft
und die Passagiere.

Wissenswertes über die
Kanarischen Inseln

Nützliche Informationen für einen gelungenen
Aufenthalt: Fakten über Land, Leute und Geschichte
sowie Reisepraktisches von A bis Z.

Sprachführer Spanisch

Aussprache
c   vor dunklen Vokalen wie k
     (como), vor hellen Vokalen
     wie engl. th (gracias)
ch   wie tsch (ocho)
h   wird nicht gesprochen
j   wie ch (jueves)
ll   wie j (calle)
ñ   wie nj (mañana)
qu   wie k (quisiera)
s   wie ss (casa)
y   wie j (hoy)
z   wie engl. th (diez)

Wichtige Wörter
ja – sí [si]
nein – no [no]
danke – gracias [grassias]
Wie bitte? – ¿cómo? [komo]
Ich verstehe nicht. – No entiendo.
     [no entjiendo]
Entschuldigung – con permiso,
     perdón [kon permisso, perdon]
Hallo – hola [ola]
Guten Morgen – buenos días
     [buenos dijas]
Guten Tag – buenas tardes
     [buenas tardes]
Guten Abend – buenas noches
     [buenas notsches]
Auf Wiedersehen – adiós [adijos]
Ich heiße … – Me llamo …
     [mee jamo]
Ich komme aus … – Yo soy de …
     [jo soij dee]
– Deutschland – Alemania
     [Alemanja]
– Österreich – Austria [Austrija]
– der Schweiz – Suiza [Suissa]
Wie geht's?/Wie geht es Ihnen? –
     ¿Qué tal?/¿Cómo está?
     [ke tal/komo esta]
Danke, gut. – Bien, gracias.
     [bjän, grassias]

wer, was, welcher – quien, que,
     cual [kjien, ke, kual]
wann – cuando [kuando]
wie lange – cuanto tiempo
     [kuanto tijempo]
Sprechen Sie Deutsch/Englisch? –
     ¿Habla alemán/inglés?
     [abla aleman/ingles]
heute – hoy [oij]
morgen – mañana [manjana]
gestern – ayer [ajer]

Zahlen
eins – uno [uno]
zwei – dos [dos]
drei – tres [tres]
vier – cuatro [kuatro]
fünf – cinco [sinko]
sechs – seis [seijs]
sieben – siete [siete]
acht – ocho [otscho]
neun – nueve [nuebe]
zehn – diez [dies]
einhundert – cien [sjen]
eintausend – mil [mil]

Wochentage
Montag – lunes [lunes]
Dienstag – martes [martes]
Mittwoch – miércoles [miärkoles]
Donnerstag – jueves [chuebes]
Freitag – viernes [bijernes]
Samstag – sábado [sabado]
Sonntag – domingo [domingo]

Unterwegs
rechts – a la derecha [a la deeret-
     scha]
links – a la izquierda [a la iskierda]
geradeaus – recto [rekto]
Wie weit ist es nach …? –
     ¿Cuánto tiempo dura el viaje
     hasta …? [kuanto tijempo dura
     el biache asta]

Wie kommt man nach …? –
¿Por dónde se va a …?
[por donde se ba a]

Wo ist … – ¿Dónde está …
[donde esta]

– die nächste Werkstatt? – el próximo taller? [el proximo tajär]

– der Bahnhof? – la estación de tren? [la estassijon dee tren]

– der Flughafen? – el aeropuerto? [el aäropuerto]

– die Touristeninformation? – la información turística? [la informassion turistika]

– die nächste Bank? – el próximo banco? [el proximo banko]

– die nächste Tankstelle? – la próxima gasolinera? [la proxima gasolinera]

Bitte voll tanken! – ¡Lleno, por favor! [jeno por fabor]

Wir hatten einen Unfall. – Tuvimos un accidente. [tubimos un axidente]

Wo finde ich … – ¿Dónde encuentro … [donde enkuentro]

– einen Arzt? – un medico? [un mediko]

– eine Apotheke? – una farmacia? [una farmassia]

Eine Fahrkarte nach … bitte! – ¡Quisiera un pasaje a …, por favor! [kisijera un pasache a …, por fabor]

Übernachten

Ich suche ein Hotel. – Busco un hotel. [busko un otel]

Haben Sie noch Zimmer frei? – ¿Hay habitaciones libres? [aij abitassiones libres]

– für eine Nacht? – para una noche? [para una notsche]

Ich habe ein Zimmer reserviert. – Reservé una habitación. [reservee una abitassion]

Ich suche ein Zimmer für … Personen. – ¿Tiene usted una habitación para … personas? [tijene ustet una abitassion para … personas]

Wie viel kostet das Zimmer … – ¿Cuánto vale la habitación … [kuanto bale la abitassion]

– mit Frühstück? – con desayuno incluido? [kon dessajuno inkluido]

Ich nehme das Zimmer. – Quiero la habitación. [kijero la abitassion]

Kann ich mit Kreditkarte zahlen? – ¿Puedo pagar con tarjeta de crédito? [puedo pagar kon tarcheta de kredito]

Ich möchte mich beschweren. – Me quiero quejar. [mee kijero kechar]

funktioniert nicht – No funcciona. [no funxiona]

Essen und Trinken

Die Speisekarte bitte! – El menu, ¡por favor! [el menu por fabor]

Die Rechnung bitte! – La cuenta, ¡por favor! [la kuenta por fabor]

Ich hätte gern … – Quisiera …, ¡por favor! [kisijera… por fabor]

Kellner/-in – camarero/camarera [kamarero/kamarera]

Mittagessen – almuerzo [almuersso]

Abendessen – cena [sena]

Einkaufen

Wo gibt es …? – ¿Dónde hay …? [donde aij]

Haben Sie …? – ¿Hay …? [aij]

Wie viel kostet …? – ¿Cuánto vale …? [kuanto bale]

Das ist zu teuer. – Es demasiado caro. [es demasiado karo]

Ich nehme es. – Me lo llevo. [mee lo jevo]

geöffnet/geschlossen – abierto/cerrado [abijerto/serado]

Bäckerei – panadería [panaderija]

Metzgerei – carnicería [karnisserija]

Sprachführer Französisch

Aussprache
~ über einem Vokal bedeutet, dass er nasal ausgesprochen wird:
ã wie chance
ẽ wie terrain
õ wie bonbon

Wichtige Wörter und Ausdrücke
Ja – oui [ui]
Nein – non [nõ]
danke – merci [mersi]
gern geschehen – de rien [dö rjän]
Wie bitte? – comment [komã]
Ich verstehe nicht. – je ne comprends pas [schö nö kõmprã pa]
Entschuldigung – pardon/excusez-moi [pardõ/exküseh-moa]
Hallo – salut [salü]
Guten Morgen/Tag – bonjour [bõschur]
Guten Abend – bonsoir [bõsuar]
Auf Wiedersehen – au revoir [oh ᵣöwuar]
Ich heiße … – je m'appelle [schö mapäl]
Ich komme aus … – je suis de [schö süi dö]
– Deutschland. – l'Allemagne [l'allmanj]
– Österreich. – l'Autriche [l'otrisch]
– der Schweiz. – la Suisse [la suis]
Wie geht's? – comment allez-vous/vas-tu [kommãt alleh-wu/kommã wa-tü]
Danke, gut. – bien, merci [bjẽ mersi]
wer, was, welcher – qui, quoi, lequel [ki, koa, lökel]
wann – quand [kã]
wie viel – combien [kombiẽ]
wie lange – combien de temps – [kombiẽ dö tã]

Sprechen Sie Deutsch/Englisch? – parlez-vous allemand/anglais [parleh-wu almã/ãnglä]
heute – aujourd'hui [oschurdüi]
morgen – demain [dömẽ]
gestern – hier [iär]

Unterwegs
rechts – à droite [a droat]
links – à gauche [a gohsch]
geradeaus – tout droit [tu droa]
Wie kommt man nach …? – pouvez-vous m'indiquer le chemin pour aller à [puwe wu mẽdike lö schömã pur ale a]

Essen und Trinken
Die Speisekarte bitte! – la carte s'il vous plaît [la kart sil wu plä]
Die Rechnung bitte! – l'addition s'il vous plaît [ladisjõ sil wu plä]
Ich hätte gern … – Je vais prendre – [schö wä prãdre]
Wo finde ich die Toiletten (Damen/Herren)? – où sont les toilettes? (dames/hommes) [u sõ leh toalät (dam/om)]
Kellner/-in – monsieur/mademoiselle/madame [mösjöh/madmoasel/madam]
Frühstück – petit déjeuner [pöti dehschöneh]
Mittagessen – déjeuner [dehschöneh]
Abendessen – dîner [dineh]

Einkaufen
Wo gibt es …? – où se trouve [u sö truw]
Haben Sie …? – avez-vous [aweh-wu]
Wie viel kostet …? – combien ça coûte? [kombiẽ sa kut]

Sprachführer Portugiesisch

Wichtige Wörter und Ausdrücke

ja – sim [sī]

nein – não [nãu]

danke – obrigado/a [obrigadu/a]

Wie bitte? – Como? [komu]

Ich verstehe nicht. – Não compre-
endo. [nãu komprendu]

Entschuldigung – Peço desculpa!
[pesu deschkulpa]

Hallo – olá [o'la]

Guten Morgen – bom dia [bōmdia]

Guten Tag – boa tarde [boatard]

Guten Abend – boa noite [boanoit]

Auf Wiedersehen – Adeus [ade-
usch]

Ich heiße … – Chamo-me …
[schamu me]

Ich komme aus … – Venho da …
[wenju da]

– Deutschland. – Alemanha.
[alemanja]

– Österreich. – Áustria. [auschtria]

– der Schweiz. – Suíça. [su'isa]

Wie geht's? – Como está?
[komu ischta]

Danke, gut. – Bem, obrigado/a.
[bem obrigadu/obrigada]

wer, was, welcher – quem, o quê,
qual [kem, u ke, kual]

wann – quando [kuandu]

wie viel – quanto [kuantu]

wie lange – quanto tempo
[kuantu tempu]

Sprechen Sie Deutsch/Englisch? –
Fala alemão/inglês? [fala alemãu/
inglesch]

heute – hoje [oje]

morgen – amanhã [amanjã]

gestern – ontem [õntem]

Zahlen

eins – um [ūm]

zwei – dois [doisch]

drei – três [tresch]

vier – quatro [kuatru]

fünf – cinco [sinku]

sechs – seis [seisch]

sieben – sete [set]

acht – oito [oitu]

neun – nove [nowe]

zehn – dez [desch]

einhundert – cem [sem]

eintausend – mil [mil]

zweitausend – dois mil
[doisch mil]

zehntausend – dez mil
[desch mil]

Unterwegs

rechts – à direita [a direita]

links – à esquerda [a eschkerda]

geradeaus – em frente [em frente]

Wie kommt man nach …? – Podia
dizer-me o caminho para …?
[pudia diser me u kaminju para]

Essen und Trinken

Die Speisekarte bitte! – A ementa,
por favor! [a ementa pur fawor]

Die Rechnung bitte! – A conta,
por favor! [a konta pur fawor]

Auf Ihr Wohl! – À sua saúde!
[a sua sa'ude]

Wo finde ich die Toiletten –
Onde são as casas-de-banho
[onde sãu as kazaz de banju

Frühstück – pequeno almoço
[pekenu almosu]

Mittagessen – almoço [almosu]

Abendessen – jantar [jantar]

Einkaufen

Haben Sie …? – Tem …? [tem]

Wo gibt es …? – Onde passo
comparar …? [onde pasu
komprar]

Wie viel kostet …? – Quanto
custa …? [kuantu kuschta]

Kulinarisches Lexikon Kanarische Inseln

A

aceite – Öl
aceituna – Olive
agua – Wasser
– con (sin) gas – Wasser mit
  (ohne) Kohlensäure
– mineral – Mineralwasser
aguardiente – Branntwein, Schnaps
ajo – Knoblauch
albóndiga – Frikadelle, Bulette
almeja – Miesmuschel
almendra – Mandel
arroz – Reis
asado – Braten

B

bacalao – Kabeljau, Stockfisch
bocadillo – Sandwich,
  belegtes Brötchen
buey – Rind, Ochse

C

cacahuetes – Erdnüsse
café con leche – Milchkaffee
– cortado – Kaffee mit wenig Milch
– solo – schwarzer Kaffee
calabaza – Kürbis
caldo – Fleischbrühe
cangrejo – Krebs
capón – Kapaun
carne – Fleisch
cebollas – Zwiebeln
cerdo – Schweinefleisch
cerveza – Bier
– oscura – dunkel
– rubia – hell (»blond«)
chorizo – rote Paprikawurst
chuleta – Kotelett
churro – in Öl ausgebackenes
  Spritzgebäck
ciruelas – Pflaumen
cocido – Eintopf mit Fleisch,
  Kichererbsen und Kartoffeln
crustáceos – Schalentiere

D

dátiles – Datteln
dulces – Süßigkeiten

E

embutido – Wurst
ensalada – Salat
espárrago – Spargel
– triguero – (wilder) grüner Spargel

F

fino – trockener Sherry
fresa – Erdbeere
frito – gebacken
frutas – Obst

G

gallina – Huhn
gambas – Krabben bzw. Garnelen
garbanzos – Kichererbsen
gazpacho – kalte Gemüsesuppe
gofio – geröstetes Getreidemehl
guisado – Schmorfleisch
guisante – Erbse

H

helado – Speiseeis
hielo – Eis, Eisstück
hígado – Leber
huevo – Ei

J

jabalí – Wildschwein
jamón – Schinken

L

leche – Milch
lechuga – Kopfsalat
legumbres – Gemüse, Hülsenfrucht
lengua – Zunge
lenguado – Seezunge
lenteja – Linse
lomo – Lendenstück
lubina – Wolfsbarsch

M

macedonia de frutas – Obstsalat
manteca – Fett
mantequilla – Butter
manzana – Apfel
mariscos – Meeresfrüchte,
  Muscheln
mejillones – Miesmuscheln
melocotón – Pfirsich
menta – (Pfeffer-)Minze
mermelada – Marmelade
miel – Honig
morcilla – Blutwurst

N

naranja – Orange
nata – Sahne
nuez – Walnuss

O

olla – gekochter Eintopf

P

paella – Reisgericht
pan – Brot
papas, patatas – Kartoffeln
pasas – Rosinen
pastel – Kuchen, Torte
– de patatas – Kartoffelpuffer
patatas fritas – Bratkartoffeln
pato – Ente
pecho – Brust
pepino – Gurke
perdiz – Rebhuhn bzw. Rothuhn
perejil – Petersilie
pescado – Fisch
pez espada – Schwertfisch
pimienta – Pfeffer
puchero – Eintopf

Q

queso – Käse

R

ración – »doppelte« Tapa
riñones – Nieren

S

sal – Salz
salchicha – Würstchen
salchichón – eine Art Salami
salmón – Lachs
salmonete – Meerbarbe
salsa – Sauce
sandía – Wassermelone
sangría – kalte Bowle aus Rotwein,
  Wasser, Zucker, Früchten
sardina – Sardine
sopa – Suppe mit Einlagen
sorbete – Fruchteis

T

tapa – Appetithäppchen
tarta – Torte
ternera – Kalbfleisch
tocino – Speck
torta – Kuchen
tortilla francesa – Omelett
– española – Omelett mit Kartoffeln
trigo – Weizen
trucha – Forelle
turrón – Mandelgebäck

U

uva – Weintraube

V

verduras – Gemüse, Salate
vinagre – Essig
vino – Wein
– blanco – Weißwein
– del país – Landwein
– rosado – Roséwein
– tinto – Rotwein

Z

zarzuela de pescado – eine Art
  Bouillabaisse
zumo – Saft
– de frutas – Fruchtsaft
– de manzana – Apfelsaft
– de melocotón – Pfirsichsaft
– de naranja – Orangensaft

Kulinarisches Lexikon Marokko

A

agneau – Lamm
amandes – Mandeln

B

bisque – Krebssuppe
blanc de poulet – Hühnerbrust
bœuf – Rindfleisch
brik – Teigtasche
briouates – frittierte Blätterteig-
  taschen, süß oder würzig gefüllt
brochettes de kefta – gegrillte Hack-
  fleischspießchen (Rind/Lamm)

C

café – Kaffee
coquelet – Hähnchen
coquillages – Muscheln
crevettes – Garnelen
crustacés – Krustentiere

D

dattes – Datteln
daurade – Meerbrasse

E

eau – Wasser
escalope – Schnitzel
espadon – Schwertfisch

F

figues – Feigen
foie m'chermel – frittierte Kalbs-
  leber, gewürzt mit Paprika,
  Kreuzkümmel, Koriander

G

gigot – Hammelkeule
griouch – in Öl frittiertes und in
  Honig getränktes Sesamgebäck

H

haricots – Bohnen
harissa – Chilisauce

K

kaab el-ghazal – Mandelgebäck
  in Form von Gazellenhörnern,
  oft in Puderzucker gewälzt
kabab – Grillspieß aus Rinderfilet
  oder Lammfleisch
kefta m'chermla – Hackfleisch-
  bällchen in Zwiebelsoße

L

lait – Milch
– d'amandes – Mandelmilch
lapin – Kaninchen

M

maquereaux – Makrelen
m'chermel – rote Soße, ein Gemisch
  aus drei verschiedenen Soßen
menthe – Minze
m'hammar – rote Soße auf der
  Basis von Butter, süßem Paprika
  und Kreuzkümmel
mouton   Hammel, Schaf
m'qualli – gelbe Soße auf der Basis
  von Öl, Ingwer und Safran

P

pain – Brot
poivrons verts – grüne Pfefferschoten
porc – Schwein
potage – Suppe
poulet – Hühnchen

T

tajine de viande aux amandes et
  oignons (k'dra) – Mandel-
  Zwiebel-Tajine
thon – Thunfisch
tournedos – Rinderfilet

V

veau – Kalb
vin – Wein

Kulinarisches Lexikon Portugal

A
à brasa – vom Holzkohlegrill
arroz – Reis
assado – Braten
atum – Thunfisch
aves – Geflügel
azeitonas – Oliven

B
bacalhau – Stockfisch
bife – Steak
borrego – Lamm

C
cabrito – Zicklein
caça – Wild
café com leite – Milchkaffee
café, bica, cimbalino, espresso –
    Espresso
caldeirada – Fischeintopf
caldo verde – grüne Kohlsuppe
camarões – Krabben
carne – Fleisch
cerveja – Bier
chá – Tee
cordeiro – Lamm
crustáceos – Krustentiere

F
feijoada – Bohneneintopf mit
    Fleisch
fiambre – Schinken (gekocht)
figado – Leber
frango – Hähnchen

G
galinha – Huhn

J
jardineira – Eintopf mit Kalbfleisch

L
lagosta – Languste
lebre – Hase

legumes – Gemüse
leite – Milch
linguado – Seezunge
lombo – Rinderfilet
lula – Tintenfisch

M
maça – Apfel
manteiga – Butter
mariscos – Krustentiere

P
pão – Brot
pato – Ente
peixe – Fisch
pêra – Birne
pescada – Schellfisch
pescadinha – Weißling
pimenta – Pfeffer
porco – Schwein
presunto – Schinken (geräuchert)

Q
queijo – Käse

R
recibo, factura – Quittung
reclamação – Beschwerde
rosbife – Roastbeef

S
salmão – Lachs
salsicha – Wurst
sardinha – Sardine
sopa – Suppe

T
torrada – dicke, getoastete
    Weißbrotscheiben mit Butter

V
vaca – Rind
vinho – Wein
vitela – Kalb

Reisepraktisches von A–Z

ANREISE

MIT DEM FLUGZEUG

Kreuzfahrten durch den Archipel der Kanaren beginnen und enden oft auf Gran Canaria oder Teneriffa. Sie können in der Regel mit Flug gebucht werden. Der Transfer vom Airport zum Schiff ist dann inbegriffen. Es kann im Einzelfall allerdings kostengünstiger sein, die Fluganreise in eigener Regie zu organisieren. Verschiedene Ferienfluggesellschaften, etwa Air Berlin (www.airberlin.com), Condor (www.condor.com), TUIfly (www.tuifly.com), Niki (www.flyniki.com) oder Edelweiss Air (www.edelweissair.ch), fliegen die Inseln von zahlreichen Flughäfen aus, in Deutschland, Österreich und der Schweiz täglich oder mehrmals wöchentlich an. Es handelt sich meist um Direktflüge (manchmal mit einer Zwischenlandung), die Flugzeit ab Mitteleuropa beträgt nonstop vier bis fünf Stunden. Gegen Aufpreis fliegt man mit mehr Sitzkomfort bei Condor und TUIfly in der Premium Economy Class, bei Edelweiss Air bzw. Swiss (www.swiss.com) in der Business Class oder bei Austria Airlines/Lauda Air (www.austrian.com) auf dem VIP-Sitz. Mit der Lufthansa (www.lufthansa.com) geht es auf die Kanarischen Inseln nur mit Umsteigen in Madrid, wobei die Anschlussflüge von Spanair durchgeführt werden. Ebenso fliegt die spanische Gesellschaft Iberia (www.iberia.com) die Inselgruppe ab Deutschland, Österreich oder der Schweiz nur über Madrid an. Billigflüge nach Gran Canaria und Teneriffa bieten u.a. Ryanair (www.ryanair.com) von mehreren Flughäfen in Deutschland und Österreich sowie Easyjet (www.easyjet.com) ab Basel an.

Der Flughafen von Gran Canaria, wo häufig Kreuzfahrten beginnen, liegt etwa 20 km vom Einschiffungshafen Las Palmas entfernt (Taxi 30–35 € oder Bus Linie 60 tagsüber ca. halbstündlich bis Santa Catalina 2,95 € pro Person). Auf Teneriffa gibt es zwei Flughäfen. Fast alle internationalen Flüge landen auf dem Airport Teneriffa Süd, von dort sind es 60 km zum Starthafen Santa Cruz de Tenerife (Taxi 60–75 € oder Bus Linie 111 tagsüber ca. halbstündlich bis Santa Cruz Intercambiador, in Hafennähe, 9 € pro Person).

Wenn Ein- und Ausschiffungshafen nicht identisch sind, etwa bei einem Routenverlauf von Mallorca über Madeira nach Teneriffa oder von Madeira nach Dakar mit Landgängen auf verschiedenen Kanareninseln, wird die Fluganreise in der Regel von der Reederei organisiert und ist im Reisepreis inbegriffen. Anschlussflüge, Sitzplätze in der Business Class sowie Vor- und Nachprogramme können oft individuell hinzugebucht werden.

AUSKUNFT

IN DEUTSCHLAND, ÖSTERREICH UND DER SCHWEIZ
Marokko
Marokkanisches Fremdenverkehrsamt (ONMT)

www.visitmorocco.com
– Graf-Adolf-Str. 59, 40210 Düsseldorf • Tel. 02 11/37 05 51
– Kärntnerring 17, 1010 Wien • Tel. 01/512 53 26
– Schifflände 5, 8001 Zürich • Tel. 0 44/252 77 52

Portugal
Turismo de Portugal
www.visitportugal.com

Spanien
Turespaña
– Kurfürstendamm 63, 10707 Berlin •
Tel. 01 80/300 26 47 • www.spain.
info/de/tourspain
– Walfischgasse 8, 1010 Wien • Tel.
08/10 24 24 08 • www.spain.info/at/
tourspain
– Seefeldstr. 19, 8008 Zürich •
Tel. 00 800/10 10 50 50 • www.
spain.info/ch/tourspain

AUF DEN KANARISCHEN INSELN
Promotur Turismo Canarias
Calle San Sebastián 152,
38002 Santa Cruz de Tenerife •
Tel. 00 34/9 22 22 94 66 • www.
turismodecanarias.com

BORDWÄHRUNG

Die Bordwährung im Zielgebiet
Kanarische Inseln ist auf deutschen
Kreuzfahrtschiffen der Euro, auf in-
ternationalen Schiffen teilweise der
Dollar. Bei vielen Reedereien erfol-
gen Zahlungen an Bord bargeldlos.
Zu diesem Zweck erhält man zu
Beginn der Fahrt bei Vorlage einer
Kreditkarte oder durch Bareinzah-
lung ein Bordguthaben. Ausgaben
werden jeweils von einer elektroni-
schen Bordkarte abgebucht. Bei an-
deren Reedereien wird hingegen an
Bord mit Bargeld oder der eigenen
Bank- bzw. Kreditkarte bezahlt.

BUCHTIPPS

**Trevor Day: Whale Watching. Wale
und Delfine in freier Natur erleben**
(Delius Klasing 2008) Anschaulich
beschreibt dieses Buch die Meeressäuger und gibt zahlreiche Hinweise
darauf, wo und wie sie am besten zu
beobachten sind; zahlreiche Illustra-
tionen helfen bei der Identifizierung.
**Claudia Diemar: Lesereise Kana-
rische Inseln. Archipel der Glück-
seligkeiten** (Picus 2011) Ungewohn-
te Aspekte der Inseln beleuchtet die
Soziologin. Sie berichtet von Aus-
steigern und Alt-Hippies, lässt Einheimische zu Wort kommen und hat
sogar die weltweit einmalige Pfeifsprache der Guanchen erlernt, die
sich bis heute auf der Insel La Gomera erhalten hat.
**Julia Manly: AIDA-Kreuzfahrt mit
dem Kussmund in die kanarische
Inselwelt** (Books on Demand 2008)
Der unterhaltsame Roman schildert
auf vergnügliche Weise, was eine
vierköpfige Familie auf einer Kreuzfahrt ab Teneriffa so alles erlebt; hervorragend zur Reisevorbereitung
oder als Bordlektüre geeignet.
Wolf Schneider: Islas Canarias (2a-
Verlag 2009) In Romanform wird die
Geschichte der Eroberung der Kanarischen Inseln erzählt, auf denen im
15. Jh., isoliert von den benachbarten Kontinenten, die Guanchen auf
der Kulturstufe der Steinzeit lebten
und um ihre Freiheit kämpften.
**Horst Uden: Unter dem Drachen-
baum** (Zech 2007) Der Autor besuchte in den 1930er-Jahren den
Archipel. Auf allen sieben Inseln
schrieb er Märchen und Sagen,
Anekdoten und Piratengeschichten
auf, um sie an seine Leser weiter-
zugeben – auch über die legendäre
achte Insel, San Borondón.
Außerdem sind zu Teneriffa, Gran
Canaria, Fuerteventura, Lanzarote,
La Palma, Madeira (mit Porto Santo),
Lissabon, Andalusien und Marokko
jeweils MERIAN *live!*-Reiseführer im
Handel erhältlich.

BUCHUNGSADRESSEN

AIDA Cruises

Am Strande 3d, 18055 Rostock • Tel. 03 81/20 27 07 22 • www.aida.de

Costa Kreuzfahrten

Frankfurter Str. 233, 63263 Neu-Isenburg • Tel. 0 40/570 12 13 14 • www.costakreuzfahrten.de

Cunard Line

Brandsende 6, 20095 Hamburg • Tel. 0 40/41 53 30 • www.cunard.de

Hapag-Lloyd Kreuzfahrten

Ballindamm 25, 20095 Hamburg • Tel. 01 80/341 21 41 • www.hlkf.de

MSC Kreuzfahrten

Neumarkter Str. 63, 81673 München • Tel. 0 89/856 35 50 • www.msc-kreuzfahrten.de

Norwegian Cruise Line

Kreuzberger Ring 68, 65205 Wiesbaden • Tel. 06 11/3 60 70 • www.ncl.de

Phoenix Reisen

Pfälzer Str. 14, 53111 Bonn • Tel. 02 28/9 26 00 • www.phoenixreisen.com

Reederei Peter Deilmann

Am Holm 25, 23730 Neustadt/H. • Tel. 0 45 61/39 61 00 • www.deilmann-kreuzfahrten.de

Royal Caribbean

Lyoner Str. 20, 60528 Frankfurt/M. • Tel. 0 69/92 00 71 55 • www.royalcaribbean.de

Sea Cloud Cruises

An der Alster 9, 20099 Hamburg • Tel. 0 40/30 95 92 50 • www.seacloud.com

Transocean Kreuzfahrten

Stavendamm 22, 28195 Bremen • Tel. 04 21•333 61 81 • www.transocean.de

TUI Cruises

Anckelmannsplatz 1, 20537 Hamburg • Tel. 0 40/286 67 71 11 • www.tuicruises.com

FERNSEHEN

Die wichtigsten internationalen Fernsehprogramme können auf den Kreuzfahrtschiffen über Satellit empfangen werden. Zudem verfügen immer mehr Schiffe über (interaktives) Bordfernsehen. Gegen Gebühr können außerdem oft Filme auf DVD ausgeliehen werden.

GELD

Bei einer Schiffsreise innerhalb des Kanarenarchipels und auf Madeira sowie bei Abstechern zum spanischen und portugiesischen Festland befinden Sie sich in der Eurozone. Geldautomaten für Bankkarten, die das Maestro- oder V Pay-Zeichen tragen, sind verbreitet.

Wichtig für einen Stopp in Marokko: Die marokkanische Währung ist der Dirham, dessen Ein- und Ausfuhr verboten ist. Man erhält Dirham vor Ort an Geldautomaten, in Banken und Wechselstuben. Maximal die Hälfte des eingetauschten Geldbetrags kann zurückgetauscht werden (Quittung aufbewahren). Viele Händler akzeptieren Euroscheine zum Kurs 1:10.

Marokko (Dirham)	
1 Dh	0,88 €/0,97 SFr
1 €	11,28 Dh
1 SFr	10,20 Dh

GESUNDHEITSVORSCHRIFTEN

Es sind keine Impfungen vorge-schrieben. Für die medizinische Versorgung ist an Bord gesorgt.

INTERNET

In Küstennähe kann man sich mit dem Smartphone in das Mobilfunknetz des jeweiligen Gastlandes einloggen. Auf hoher See können Sie das schiffseigene Mobilfunknetz nutzen, was allerdings meist etwas teurer kommt. Außerdem bieten Kreuzfahrtschiffe in der Regel Internet-Ecken und WLAN (jeweils gegen Gebühr). Kostenfrei ist WLAN (in Spanien und Portugal WiFi genannt) in manchen Hafengebäuden verfügbar. Internet-Cafés sind meist nicht weit vom Hafen entfernt. Informationen über das Zielgebiet findet man im Internet auf den offiziellen Tourismusportalen (▸ S. 132).

KRIMINALITÄT

Bei Landgängen sollte man keine größeren Geldbeträge oder andere Wertsachen mitführen. Tragen Sie Ihr Portemonnaie nicht in der Gesäßtasche. Meiden Sie Gedränge, ein beliebtes Betätigungsfeld für Taschendiebe. In Marokko empfiehlt es sich, Geld nicht auf der Straße zu wechseln, sondern eine Bank oder Wechselstube aufzusuchen.

MEDIZINISCHE VERSORGUNG

Auf vielen Schiffen gibt es eine Arztpraxis mit kleinem Krankenhaus und eine Apotheke. Die Kosten müssen privat bezahlt werden. Innerhalb der EU bestehen Sozialversicherungsabkommen. Deutsche und Österreicher werden in Spanien und Portugal in öffentlichen Kliniken und Gesundheitszentren theoretisch kostenfrei behandelt, wenn sie die Europäische Krankenversicherungskarte (EHIC) vorlegen. Diese ist in die nationale Versichertenkarte integriert oder auf Anfrage bei der Krankenkasse erhältlich. In der Praxis müssen viele Leistungen dennoch vor Ort bezahlt werden, und niedergelassene Ärzte in Spanien und Portugal akzeptieren die EHIC gar nicht. Daher empfiehlt sich in jedem Fall der Abschluss einer privaten Reisekrankenversicherung.

REISEZEIT

Auf den Kanarischen Inseln ist das ganze Jahr über Saison. Kreuzfahrten in die Region werden aber vor allem im Winterhalbjahr, zwischen Oktober und April, veranstaltet. Die Temperaturen sind dann an den Küsten frühlingshaft mild. In den Bergen im Inselinneren kann es auch etwas kühler sein, weshalb sich bei Landausflügen die Mitnahme eines

Mittelwerte	JAN	FEB	MÄR	APR	MAI	JUN	JUL	AUG	SEP	OKT	NOV	DEZ
Tages-temperatur	20	21	22	23	24	26	28	29	28	26	24	21
Nacht-temperatur	14	14	15	16	17	19	20	21	21	19	17	16
Sonnen-stunden	6	6	7	8	9	10	11	11	8	7	6	6
Regentage pro Monat	7	5	4	2	1	0	0	0	0	4	5	7

Anoraks empfiehlt. An den Nordabhängen der Inseln bilden sich tagsüber oft Wolken, aus denen es manchmal regnet. Trockener und sonniger ist die jeweilige Südseite der Inseln. Auch auf See bleibt der Himmel meist klar.

SCHIFF-ABC

Achtern – gesamter Bereich des Schiffes, der hinter der Mitte liegt

Auslaufen – Verlassen des Hafens

Ausschiffen – Verlassen des Schiffes am Ende der Reise

Außenkabine – Kabine mit Fenster oder Balkon

Backbord – linke Seite des Schiffes (in Fahrtrichtung)

Brücke – Kommandoraum und Arbeitsplatz des Kapitäns

Bug – vorderer Teil des Schiffes

Bullauge – rundes Fenster

Bunker – Treibstofflager des Schiffes

Cabin Steward – Kabinenbedienung

Cruise Director – Kreuzfahrtdirektor, zuständig für Unterhaltung und Landausflüge

Deck – Etage, Stockwerk des Schiffes

Early Bird – Frühstück für Frühaufsteher

Einschiffen – an Bord gehen zu Beginn einer Reise

Faden – nautisches Längenmaß, entspricht 1,82 m

Farben – Nationalflagge des Schiffes

Flaggschiff – größtes und meist auch neuestes Schiff einer Reederei

Flotte – Bestand an Schiffen einer Reederei

Fly-Cruise – Kombination von Kreuzfahrt und Fluganreise

Freestyle Cruising – freie Ordnung in den Bordrestaurants, d.h. keine Kleidervorschriften oder feste Essenszeiten

Freihafen – Hafen ohne Zölle

Gangway – Treppenzugang zum Schiff

Heck – hinterer Teil des Schiffes

Jungfernfahrt – erste Reise eines Schiffes mit Passagieren

Kabellänge – nautisches Längenmaß (= 100 Faden, 182,8 m)

Kai – Hafenbefestigung, an der Schiffe festmachen können

Kapitän – oberster Chef des Schiffes, trägt die Gesamtverantwortung für Mannschaft und Passagiere

Kategorie – Einstufung eines Kreuzfahrtschiffes in ein bestimmtes Niveau, ähnlich dem Sternesystem bei Hotels

Kiel – von vorne bis hinten durchgehender Bauteil eines Schiffes

Kielwasser – durch die Schiffsschrauben aufgewühlte Fahrspur des Schiffes

Knoten – Einheit zur Geschwindigkeitsmessung eines Schiffes; ein Knoten entspricht einer Seemeile pro Stunde

Koje – Schlafplatz im Schiff

Kombüse – Schiffsküche (auch Galley genannt)

Kreuzfahrtdirektor – zuständig für Unterhaltung und Landausflüge

Kurs – geplanter Weg des Schiffes zum nächsten Ziel, angegeben in Grad relativ zur Nordrichtung

Lee – dem Wind abgewandte Seite des Schiffes

Lotse – Hilfskapitän für Häfen und schwierige Gewässer

Luv – dem Wind zugewandte Seite des Schiffes

Main Sitting – erster Durchgang im Speisesaal

Messe – Salon, Speisesaal

Mittschiffs – zentraler Bereich zwischen Bug und Heck

Niedergang – Treppe im Innenbereich des Schiffes

Pier – Hafenbauwerk, das im Winkel zum Kai verläuft und als Schiffsanlegestelle dient; im englischen Sprachgebrauch ein Bauwerk auf Pfählen (Steg, Seebrücke)

Port Taxes – Hafengebühren, entrichtet die Reederei für die Hafenbenutzung

Querab – seitlich des Schiffes

Reede – Ankerplatz vor einem Hafen; ein Schiff liegt auf Reede, wenn der Zielhafen überfüllt ist oder aus anderen Gründen nicht angefahren werden kann

Reling – obere Bordwand

Repeater – Fahrgäste, die mehr als einmal bei derselben Reederei gebucht haben

Ruder – Steuerung des Schiffes

Rumpf – Schiffskörper ohne Aufbauten

Schlingern – seitliche Schaukelbewegungen

Schott – wasserdichte Trennwand zwischen den Rumpfkammern

Schraube – Propeller für den Antrieb

Second Sitting – zweiter Durchgang im Speisesaal

Seegang – Wellenbewegung des Wassers

Seekarten – Karten für die Navigation

Seemeile – 1,852 km

Single Use – Kabinen zur Alleinbenutzung; wegen fehlender Einzelkabinen werden oft Zuschläge von 100 % erhoben

Sitting – Verteilung der Sitzplätze und Tische im Speisesaal

Stabilisator – Einrichtung, die das Schwanken des Schiffes mit den Wellen verhindert

Staff-Kapitän – stellvertretender Kapitän

Stampfen – Schaukeln des Schiffes in Längsrichtung

Stapellauf – Zuwasserlassen eines Schiffes nach der Schiffstaufe

Steuerbord – rechte Schiffsseite (in Fahrtrichtung)

Tenderboot – Beiboot zum Übersetzen von Passagieren von der Reede an Land

Tiefgang – Abstand zwischen der Wasseroberfläche und dem tiefsten Punkt des Schiffes

Tip – Trinkgeld

Untiefe – flache Wasserstelle

Vorsteven – vorderster Schiffsteil

Wache - Dienstzeit

SCHLÜSSELKARTEN

Jeder Passagier erhält eine elektronische Bordkarte. Sie ist beim Antritt eines Landausflugs und bei der Rückkehr aufs Schiff als Legitimation vorzuzeigen, öffnet die Kabine und dient als Kreditkarte an Bord. Beim Einschiffen muss außerdem ein Personalausweis oder Pass vorgelegt werden.

TAGESPROGRAMME

Handzettel, die mit den Angeboten an Bord für den kommenden Tag, etwa speziellen Veranstaltungen oder Informationsvorträgen, und mit Landausflügen bekannt machen, liegen spätestens am Vorabend in den Kabinen aus. Außerdem ist das Programm Aushängen, der Bordzeitschrift und dem internen Bordfernsehen zu entnehmen. Zu beachten sind vor allem – ganz wichtig! – die Liegezeiten in den Häfen, die man sich beim Landgang einprägen sollte.

TELEFON
VORWAHLEN

Marokko 0 02 12
Portugal 0 03 51
Spanien 00 34

Die Kabinen sind mit Telefonapparaten ausgestattet, Gespräche kommen aber über das Bordnetz recht teuer. Auch mobiles Telefonieren an Bord ist in der Regel möglich, gegen relativ hohe Gebühren. Mit einem international freigeschalteten Handy können Sie in Küstengewässern über das Netz des jeweiligen Gastlandes telefonieren. Eine Verordnung sieht seit 2010 für grenzüberschreitende Gespräche innerhalb der EU (also z. B. von Spanien oder Portugal nach Deutschland oder Österreich) als obere Preisgrenze 0,46 € für ausgehende und 0,17 € für ankommende Gespräche vor. Mit weiteren Preissenkungen ist zu rechnen. Etwas teurer ist das Telefonieren über das marokkanische Netz.

TRINKGELDER

Bei manchen Schiffen ist das Bordtrinkgeld bereits im Reisepreis inbegriffen. Ansonsten wird vielfach ein bestimmter Prozentsatz oder Betrag als Trinkgeld von der Bordkreditkarte abgebucht. Wo das nicht der Fall ist, rechnet man mit Beträgen zwischen 5 und 10 € pro Person und Tag, die am Abend vor dem Ausschiffen an den Bordsteward und das Restaurantteam verteilt werden. Oft liegen zu diesem Zweck Umschläge in der Kabine bereit, in die man den Betrag, den man geben möchte, stecken kann.

TRINKWASSER

Das Wasser an Bord hat Trinkwasserqualität.

WÄSCHE

Wie jedes große Hotel verfügen auch alle Kreuzfahrtschiffe über einen Wäscheservice.

ZEITVERSCHIEBUNG

Auf dem spanischen Festland gilt die Mitteleuropäische Zeit (MEZ), auf den Kanaren, Madeira und dem portugiesischen Festland die Westeuropäische Zeit (MEZ-1 Std.). Es wird jeweils zu denselben Terminen auf Sommer- und Winterzeit umgestellt wie bei uns. Marokko verwendet ebenfalls die Westeuropäische Zeit. Allerdings gibt es dort keine Sommerzeit, weshalb die Uhr im Sommer um zwei Stunden gegenüber MEZ zurückzustellen ist.

ZOLL

Die Kanarischen Inseln sind zollfreies Gebiet. Reisende aus EU-Ländern unterliegen dort ebenso wie Schweizer den internationalen Bestimmungen. Nach Deutschland und Österreich dürfen See- und Flugreisende von den Kanaren Waren für den privaten Gebrauch im Wert von 430 € (Kinder/Jugendliche unter 15 Jahren 175 €), in die Schweiz im Wert von 300 SFr mit nach Hause nehmen. Tabakwaren und Alkohol fallen nicht unter diese Wertgrenze und bleiben in bestimmten Mengen abgabenfrei (z. B. 200 Zigaretten, 4 l Wein). Befindet sich der Ausschiffungshafen auf dem spanischen Festland oder in einem anderen EU-Land, dürfen Reisende aus Deutschland und Österreich Waren von beliebigem Wert mitnehmen, sofern glaubhaft gemacht werden kann, dass sie für den privaten Gebrauch bestimmt sind. In der Praxis sollten gewisse Richtmengen nicht überschritten werden (z. B. 800 Zigaretten, 90 l Wein, 10 kg Kaffee).
Weitere Auskünfte erhalten Sie unter www.zoll.de, www.bmf.gv.at/zoll und www.zoll.ch.

Kartenatlas

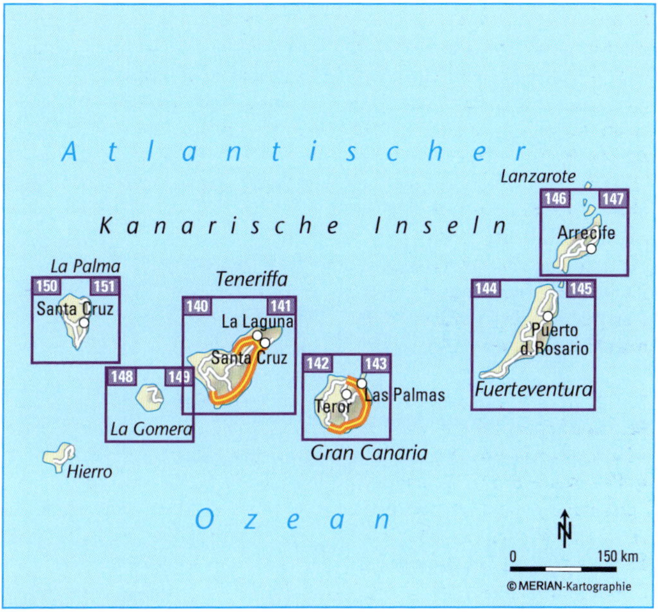

Legende

Sehenswürdigkeiten

🔟	MERIAN-TopTen
🔟	MERIAN-Tipp
☐	Sehenswürdigkeit, öffentl. Gebäude
✳	Sehenswürdigkeit Kultur
✳	Sehenswürdigkeit Natur
⛪ ⛪	Kirche; Kloster
🏰	Schloss, Burg; Ruine
🏛	Museum
🗼	Leuchtturm
✗	Windmühle
∩	Höhle

Verkehr

	Autobahn
	Autobahnähnliche Straße
	Fernverkehrsstraße
	Hauptstraße
	Nebenstraße
	Fußgängerzone
🅿	Parkmöglichkeit
Ⓑ	Busbahnhof
⚓	Schiffsanleger
🛫	Flughafen

Sonstiges

ℹ	Information
🎭	Theater
⚖	Denkmal
🍖	Markt
🍇	Weingut
☀	Aussichtspunkt
🏖	Strand
⛺	Hütte
✝	Friedhof
	Nationalpark

A   **B**   **C**

1

Atlantischer Ozean

P

Spanien

A t l a n t i s c h e r   O z e a

Marokko

Kanarische Inseln

2

Puerto de la Cruz

Loro Parque

San Juan de la Rambla

Punta del Casado

Playa de San Marcos

Buenavista del Norte

Mirador de Don Pompeyo

Castillo de San Miguel

Garachico

Icod de los Vinos

Los Realejos

Valle

Faro de Teno

El Tanque

La Vega

Drago Milenario

Punta de Teno

M a c i z o

Teno Alto

TF-82

Cueva del Viento

El Palmar

d e   T e n o

Erjos

El Volcán Negro • *1626*

Masca

Santiago del Teide

Volcán de Chinyero

Parque Nacional del Teide

Pico del Teide 3718

Teleférico

3

Tamaimo

Acantilado de los Gigantes

Arguayo

TF-38

3102 Pico Viejo

L a s   C a ñ a d a s

Los Gigantes

Puerto de Santiago

Chío

Mirador Los Roques

Boca del Tauce 2050

Llano de Ucanca

Guajara 2712

P Ll

Playa de la Arena

Alcalá

1663

2534

Guía de Isora

Mont. de Chasna

La Madre del Agua

San Juan

Tejina

Playa de San Juan

TF-82

Vilaflor

Playa de Callao Salvaje

Tijoco de Abajo

TF-21

Graña de Ab

Playa Paraíso

Adeje

San Migu de Abona

Playa Punta las Gaviotas

Arona

TF-28

TF

San Eugenio Alto

P. Ecológico las Águilas del Teide

Mirador de la Centinela

C Herman

4

Playa de las Américas

Los Cristianos

Playa de los Cristianos

Guaza

Aeropuer Reina Sof (Tenerife

Punta de la Rasca

Las Galletas

La Gomera, El Hierro

Teneriffa

Faro de la Rasca

Playa de las Galletas

A   **B**   **C**

La Palma

Faro de Anaga

Playa de Benijo

Punta del Hidalgo

Almáciga

Roque Bermejo

Punta del Hidalgo

Taborno

Chamorga

Bajamar

Montañas de Anaga

Iguesta de San Andrés

Playa de Antequera

Tejina

Mirador Pico del Inglés

S. Gonzalo

Tegueste

Playa de las Gaviotas

la Garañona

Las Mercedes

Ermita Cruz del Carmen

San Andrés

Playa de las Teresitas

Tacoronte

Guamasa

La Laguna

Cádiz

El Sauzal

El Ortigal

Aeropuerto Los Rodeos (Tenerife Norte)

Santa Cruz de Tenerife 1

TF-5

La Matanza de Acentejo

La Esperanza

Gran Canaria, Fuerteventura, Lanzarote

La Victoria de Acentejo

Sta. María del Mar

Mirador de Humboldt

Mirador de Ortuño

TF-28

Orotava

Igueste

Playa de las Caletillas

ava

Mirador de las Cumbres

Araya

Las Caletillas

Los Organos

Candelaria

cita

Arafo

Valle de Güimar

Volcán de Güimar 276

F-24

Güimar

Observatorio Meteorológico e Izaña

Puerto de Güimar

Mirador de Don Martín

án de Fasnia 6

Cueva del Bco. de Herques

El Escobonal

Fasnia

TF-28

TF-1

co

Poris de Abona

mo Arico

Faro de Abona

Punta de los Requetés

Atlantischer Ozean

laya de la Rajita

lano

a del Médano

jita

0 ——— 15 km

© MERIAN-Kartographie

N

Bañaderos
GC-2
obio
Valerón
Moya
Firgas
Montaña
de Arucas
Arucas
Destilerías
Arehucas
Playa de
las Canteras
Sta. Catalina
Las Canteras
GC-23
Las Palmas 2

leseco
Teror
nales
Lanzarote
1764
Moriscos
Las
Lagunetas
Cruz del Saucillo
· 1800
Santa
Brígida
Atalaya
Valsequillo
Vega de
San Mateo
Jardín Botánico
Viera y Clavijo
Monte
Coello
Tafira Baja
Tafira Alta
GC-3
Pico
Bandama
Caldera de
Bandama
GC-1
La Estrella
Telde
Melenara
Playa de
Melenara

1949
Pico de las
Nieves
ublo
3
Cazadores
Cueva de
Cuatro Puertas
San Bartolomé
de Tirajana
Barranco de Guayadeque
Punta
de Gando
Santa Lucía
os de
1433
ro de las
Vacas
Fataga
Embalse de
Tirajana
Temisas
Fortaleza
Grande
Lomo de
los Letreros
Ingenio
Agüimes
1131
Amurga
Arteara
Era de Cardón
Barranco de Tirajana
Vecindario
Arinaga

Sardina
del Sur
El Doctoral
Bahía de Pozo Izquierdo
GC-1

Barranco de Fataga

Playa de Tarajalillo
Playa de San Agustín
Playa del
Inglés
San Agustín
aspalomas
Playa del Inglés
Costa Canaria
Playa de Maspalomas

A t l a n t i s c h e r

O z e a n

1

2

3

4

0   9 km
© MERIAN-Kartographie
N

Atlantischer Ozean

Spanien

Marokko

Kanarische Inseln

A t l a n t i s c h e r

Punta de

Peña Horada
Caleta Neg
Playa de los Muertos

O z e a n

Zo
Milit

Las Salinas

Cortijo de
Chilegua

Punta de Guadalupe
*Playa del
Viejo Rey*

La Pare

Istmo de
la Pared

Costa Calma

Punt

*Playa de
Barlovento*

El Jable

Playa

Playa de Cofete

Risco del Paso

*Playas
de Sotaven
de Jandía*

Punta de
Barlovento

Pico de
la Zarza

253

FV-2

M. Aguda
807

Cofete

Punta Pesebre

495

Playa de Ojos

península

de

Casas
de Jorós

Butihondo

Esquinzo

Playa Esquinzo

Puerto
de la Cruz

Morro Jable

Faro
de Jandía

Jandía

*Las Palmas
(Gran Canaria)*

Playa del Matorral

Las Palmas

Fuerteventura

0   12 km
© MERIAN-Kartographie

Spanien

Atlantischer Ozean

Marokko

Kanarische Inseln

Atlantischer Ozean

La Caldera
256
289
El Cortijo

Punta Gorda

Playa del Ambar

Pedro Barba

Punta Fariones

Playa de la Cantería

Punta Prieta

Órzola

Punta de Mujeres

Jameos del Agua

Malpaís de la Corona

LZ-1

Mirador del Río

El Río

Cueva de los Verdes

479

Yé

Máguez

266

Caleta del Sebo

Salinas del Río

Montaña Clara

Playa de las Conchas

La Graciosa

Punta del Bajío

Playa del Risco

Monte Corona
609

Famara

Guinate

Haría

Atlantischer

Ozean

Lanzarote

1

2

3

4

D E

Playa del Selfio

Puerto Moro

Mala

Punta de
Tierra Negra

Playa de las Cucharas

Costa Teguise

Bco. de la
Espoleta

Jardin
de Cactus

Guatiza

LZ-1

Parque
Eólico

Playa Bastián

Las Nieves

LZ-10

Los Valles

Teseguite

Castillo Sta.
Bárbara

Museo
LagOmar

Tahiche

Castillo de
San José

Arrecife

LZ-1

Punta de
la Lagarta

235

Playa del
Reducto

Playa de Matagorda

LZ-10

Nazaret

Zonzamas

Fundación
César Manrique

Teguise

San
Bartolomé

Mozaga

LZ-20

Playa
Honda

Playa de los Pocillos

de Famara

Museo Agrícola
El Patio

Tao

LZ-30

Montaña
Blanca

Aeropuerto
de Lanzarote

LZ-2

Playa Blanca

El Jable

Sóo

Tiagua

Mon. al
Campesino

Ermita de N.S.
de los Dolores

Montaña
Blanca
596

Tías

LZ-40

**Puerto
del Carmen**

Muñique

La Vegueta

El Grifo

Mácher

LZ-67

El Cuchillo

LZ-20

Tinajo

Masdache

LZ-30

La Geria
Montaña
Tinasoria
503

Puerto
Calero

Bco. del Agua

Playa de la Arena

Risco
Negro

Teneza
368

Mancha
Blanca

Tinguatón

LZ-2

Playa

Punta Gorda

Caldera
Blanca

Pico
Partido
577

LZ-67

Uga

Quemada

Punta Gaviota

Parque
Nacional
de Timanfaya

Fuego
510

Echadero
de los Camellos

Yaiza

Los Ajaches

Papagayo

Volcán Nuevo

Montañas del
Fuego

La Hoya

Atalaya
de Femés

Femés
608

El Rubicón

Castillo de
las Coloradas

Punta del Papagayo

Playa de
la Madera

El Volcán

Hacha
Grande
560

Playas de
Papagayo

Playa Mujeres

Los Hervideros

El Golfo

Salinas de Janubio

Playa de Janubio

Las Breñas

LZ-2

Playa Dorada

Playa Flamingo

Fuerteventura

Montaña
Roja
194

Playa Blanca

Punta
Pechiguera

Punta
Ginés

La Gomera

D   E   F

Atlantischer Ozean

P

Spanien

Marokko

Kanarische Inseln

1

Punta del Jurado

Agulo

Lepe

Playa de Hermigua

S. Catalina

Playa de la Caleta

Punta San Lorenzo

Ermita de San Juan

El Palmar

Las Nuevitas

Tagaluche

Punta Majona

Barranco de Juel

Enchereda
1065

620.

Cuevas Blancas

634.

Playa Zamora

Túnel de la Cumbre

Punta Llana

El Rejo

rmita N. S.
e Guadalupe

Chejelipes

Jaragán

642

Lomo Fragoso

Ermita de Nuestra Señora de Guadalupe

Emb. de Chejelipes

El Atajo

ita de
Nieves

Barranco de la Villa

La Laja

El Jorado

El Molinito

Punta de Avalo

Playa de Avalo

Mirador Degollada de Peraza

Ayamosna

.692

San Antonio y Pilar

Tagámiche
979

San Sebastián

5

Vegaipala

Jérduñe

.443

Bco. Juán de Vera

Mon. al Sagrado Corazón de Jesús

Los Cristianos
(Teneriffa)

Tejiade

Seima

Playa de Machal

Playa de El Cabrito

Contrera

Punta de la Fuente

Roque del Herrero

Punta Gaviota

Playa del Medio, Playa de Tapahuga

Playa Santiago

Valverde (Hierro)

2

3

4

0   3 km

© MERIAN-Kartographie

N

D   E

A B C

1

Santa Cruz de Tenerife

Santa Cruz de La Palma

6 6

Punta Salinas

Playa Nogales

Cueva del Infierno

Mirador de S. Bartolomé

La Galga

Puntallana

San Juan de Puntallana

Las Nieves

Mirador de la Concepción

Charco Azul

San Andrés

2

Faro de Barlovento

Puerto Espíndola

La Fajana

Los Sauces

San Andrés y Sauces

Los Galguitos

Cubo de la Galga

Santuario de N.S. de las Nieves

San

Buenavista

Barlovento

Laguna de Barlovento

Bco. del Agua

Los Tilos

Ermita de la Virgen

Punta Gaviota

Gallegos

La Tosca

Las Tricias

Refugio de la Punta de los Roques

Mirador de los Roques

La Cumbrecita

1287

3

El Tablado

Punta de Juan Adalid

Casas Roque Faro

Franceses

Mirador de los Andenes

Las Moradas 2028

Observatorio Astrofísico

Roque de los Muchachos 2426

Caldera de Taburiente

Parque Nacional de la Caldera de Taburiente

Mirador de Taburiente

Roque Idafe

Pico Bejenado 1857

Los Llanos de Aridane

Bco. de las Angustias

San Antonio del Monte

La Zarita

Llano Negro

La Zarza

Hoya Grande

Somada Alta 1926

Garafía

Cueva de Agua

Bco. de la Luz

Bco. de Briestas

Bco. de Burgas

Puntagorda

Bco. de Garome

Bco. de

Tijarafe

Cueva Bonita

Punta de S. Domingo

Montaña Matos 503

Las Tricias

El Roque

Punta Gorda

4

La Palma

A B C

Spanien

P

Marokko

Atlantischer Ozean

1

Kanarische
Inseln

Brena
Baja

El Pueblo
San Blas

Cueva de
Belmaco

La Rosa

Mazo

Malpaíses

San Isidro

Trimaga

Tiguerorte

Sabina

Cumbre Nue

Montes
de Luna

2

Fuencaliente/
Los Canarios

Las
Caletas

Refugio
El Pilar

Hoyo Negro
•1797

La Deseada I
1949

Volcán San Antonio
•657

Faro de Fuencaliente
Punta de Fuencaliente

1808

Pico
Birigoyo

Duraznero

Tigalate

Fuego
1249

Volcán
San Juan

Santuario
de Fátima

Ermita de
Santá Cecília

Volcán Martín
1602

Volcán
Teneguía
•439

Las

Jedey

Cumbre

Vieja

Las
Indias

Fajana

Tajuya

Manchas

El Charco
El Charco

Los Quemados

Playa Nueva

La Laguna

Tódoque

San Nicolás

Puerto
Naos

Playa de
las Monjas

Playa de
Charco Verde

Playa El Remo

3

Punta Hoyas

Playa de Puerto Naos

Atlantischer

Ozean

4

0   6 km N
© MERIAN-Kartographie

Kartenregister

Orts- und Sachregister

Wird ein Begriff mehrfach aufgeführt, verweist die **fett** gedruckte Zahl auf die Hauptnennung, eine *kursive* Zahl auf ein Foto.

Abkürzungen:
Hotel [H]
Restaurant [R]